저주받은 시인들

저주받은
시인들

Les poètes maudits

폴 베를렌 지음
임민지 옮김

폴 베를렌Paul Verlaine

차례

서문
7

1
트리스탕 코르비에르
9

2
아르튀르 랭보
31

3
스테판 말라르메
73

4
마르슬린 데보르드 발보르
101

5
빌리에 드 릴라당
143

6
가엾은 를리앙
167

옮긴이의 말
180

폴 베를렌 연보
183

■ 이 책의 원전은 『Les Poètes maudits』(Librairie Léon Vanier, 1888)입니다.

■ 본문에 현 시대의 일반적인 사회적 기준에 부합되지 않는 표현이 일부 있으나 저자를 온전히 파악한다는 관점과 원전을 그대로 옮긴다는 기준으로 수정 없이 번역하였습니다.

■ 수록된 시인들의 초상화들은 모두 원전에 수록된 에스파냐 출신의 화가 마누엘 루케Manuel Luque(1853/1854?~1924)가 그린 작품들입니다.

■ 원전에서의 이탤릭체는 번역에서 굵은 글씨체로 표기하였습니다.

■ 각주는 옮긴이와 편집자가 함께 작성하였으며 그 외의 원전에 있는 각주는, 예를 들어 원전에서의 각주는 (원)처럼 괄호를 써서 표기하였습니다.

■ 연보는 『광인 폴 베를렌느』(삐에르 쁘띠필, 역사비평사, 1991)를 참고하여 작성하였습니다.

■ 이 책에서 사용된 글꼴은 문체부 바탕체, 제주명조체, 함초롬돋움, Bernard MT Condensed, KBIZ한마음 명조, KoPubWorld바탕체, KoPubWorld돋움체, LH체, Mapo금빛나루입니다.

서문

평온함을 유지하려면 절대적인 시인들이라고 말했어야 했지만, 이 시대에 평온함이란 별로 적절하지 않을 뿐더러, 우리의 제목은 우리의 혐오에 정확히 부합하고, 확신컨대 그런 전지전능한 사람들에 해당하면서 살아남은 자들의 혐오에도 부합한다. 이는 우리에게 그 감정을 똑같이 되돌려 주는 거친 군대, 즉 엘리트 독자들의 저속함에 대한 혐오이다.

상상력에서 절대적이고, 표현에서 절대적이며, 최고의 시대를 만든 진정한 왕들처럼 절대적이다.

그러나 저주받은 자들이다!

판단해 보라.

1
트리스탕 코르비에르
Tristan Corbière

트리스탕 코르비에르는 브르타뉴인으로, 선원이었으며, 무엇보다도 거만함의 대명사이자 세 겹으로 중첩된 청동의 마음을 지닌 자였다. 그는 가톨릭 신자로서 신앙의 실천은 거의 없었지만, 악마의 존재는 믿었던 브르타뉴인이었다. 군인도, 특히 상인도 아닌 선원이었지만, 폭풍우 속에서만 항해했던 바다에 대한 광적인 사랑을 품고 있었으니, 그는 가장 사나운 말과 같은 바다에 극도로 격정적이었으며 (그의 무모할 정도로 놀라운 행동에 관한 이야기가 전해져 내려온다), '성공'과 '영광'을 너무나 경멸하여 이 두 어리석은 것들이 자신의 연민을 잠시라도 자극할 수 없으리라고 말하는 듯했다!

너무나도 고상했던 그 인물됨에 대해서는 이 정도로 하고 시인으로서의 그에 대해 이야기해 보자.

운율을 다루는 시인, 운율가로서의 그는 결코 흠잡을 데 없는 존재가 아니었다. 다시 말해 전혀 지루하지 않았다. 위대한 시인들 가운데 그런 식으로 무결한 이는 없었다. 가끔 졸음에 빠지곤 했던 호메로스를 시작으로, 무엇보다도 불규칙했던 셰익스피어를 거쳐, 세간의 평가와 관계없이 지극히 인간적인 괴테에 이르기까지 말이다. 완벽한 자들이란… 이러저러한 사람들이다. 목재이고, 목재이며, 또 목재일 뿐이다. 반면 코르비에르는 그저 살과 뼈로 이루어진 존재였다.

그의 시구는 살아 숨쉬고, 웃으며, 좀처럼 울지 않고, 능숙하게 조롱하며, 더욱 능란하게 비꼰다. 게다가 그가 사랑하는 '대양'처럼 쓰디쓰고 짭짤하며, 이따금 이 격동하는 벗이 그러하듯 전혀 달래주지 않지만, 격노한 파도와 너울의 인광燐光 속에서 그렇게 햇빛, 달빛,

별빛을 굴려 낸다!

   그는 잠시 파리지앵이 되었었지만, 비열하고 쩨쩨한 정신은 받아들이지 않았다. 딸꾹질, 구토, 사나우면서도 매력적인 아이러니, 천재성으로 고조되는 담즙과 열병은 얼마나 큰 즐거움을 가져왔던가!

   예시:

탈환 RESCOUSSE

내 기타가
고쳐져도,
세 번이나 야만스럽게,
인도의 **크리스 단검**처럼,

고문용 지렛대처럼,
단두대처럼,
장난감 상자처럼,
제대로 되지 않는다면…

내 더 나빠진 목소리로
너에게 말할 수 없다면
나의 달콤한 고통을…

―개같은 직업이여!―

내 담배가,

내 여행의 양식이자 등대,

너를 조금도 헤매게 하지 못한다면

―타오르는 불길…

내 위협이,

지나가는 소용돌이가,

우아함이 부족하다면

―고함치다 말문이 막혔다!…

내 영혼의

불타는 바다가

파도를 일으키지 않는다면

―얼어붙어 타오르네…

나는 떠나가리라!

Si ma guitare

Que je répare,

Trois fois barbare,

Kriss indien,

Cric de supplice,

Bois de justice,

Boite à malice,

Ne fait pas bien...

Si ma voix pire

Ne peut te dire

Mon doux martyre...

— Métier de chien ! —

Si mon cigare,

Viatique et phare,[*]

Point ne t'égare ;

— Feu de brûler...

Si ma menace,

Trombe qui passe,

Manque de grâce ;

---

[*] 이 부분의 구두점은 1884년 판에는 없고, 1888년 판에는 마침표로 되어 있다. 그러나 이 시의 원전이 실린 트리스탕 코르비에르의 『노란 사랑Les Amours jaunes』(1873)에는 쉼표로 되어 있으므로 오식으로 간주하여 쉼표로 표기하고 해석했다.

— Muet de hurler !...

Si de mon âme

La mer en flamme

N'a pas de lame ;

— Cuit de geler...

Vais m'en aller !

 다른 모습도 매우 좋아하지만, 우리가 더 좋아하는 코르비에르의 모습으로 넘어가기 전에 파리지앵 코르비에르, 자기 자신을 포함한 모든 것과 모든 이들을 경멸하고 조롱했던 코르비에르에 대해 강조할 필요가 있다.
 시를 한 편 더 읽어 보라.

비문ÉPITAPHE

그는 열정으로 자신을 죽이고 게으름으로 죽었다.
만약 그가 살아 있다면, 그것은 잊혀서다, 이제 그는 자신을 방치한다.

그의 유일한 후회는 자신의 애인이 되지 못한 것이었으니.

   그는 어느 쪽에서도 태어나지 않았고,
   항상 역풍에 밀려났으며,
   그리고 잡탕-아를르캥*이었다,
   모든 것의 부정한 혼합물.

   알 수 없는 무언가. ㅡ그러나 모든 것을 아는
   황금, ㅡ하지만 한 푼도 없이,
   신경들, ㅡ힘줄 없이. 힘없는 활력,
   도약, ㅡ하지만 꺾이는,

   영혼, ㅡ그리고 바이올린 없이,
   사랑, ㅡ하지만 더 나쁜 종마種馬,
   이름을 가지기엔 너무 많은 이름.

Il se tue d'ardeur et mourut de paresse.
S'il vit, c'est par oubli ; voici qu'il se laisse :
Son seul regret fut de n'être pas sa maîtresse.

   Il ne naquit par aucun bout,

---
* 울긋불긋한 옷을 입은 광대.

Fut toujours poussé vent debout

Et fut un arlequin-ragoût,

Mélange adultère de tout.

Du *je-ne-sais-quoi*. — Mais sachant tout

De l'or, — mais avec pas le sou ;

Des nerfs, — sans nerf. Vigueur sans force ;

De l'élan, — avec une entorse ;

De l'âme, — et pas de violon ;

De l'amour, — mais pire étalon ;

Trop de noms pour avoir un nom.

. . . .

더 재미있는 것들도 있지만 넘어가 보자.

. . . .

  포즈를 취하는 사람은 아니지만, —유일한 존재를 위해 포즈를 취하고,

  너무나 냉소적이면서 너무나 순진하고,

아무것도 믿지 않으면서, 모든 것을 믿는다.
―그의 취향은 혐오 속에 있었다.
. . . .

너무나 **자신**다워서 자신을 견딜 수 없는
정신은 메마르고 머리는 취했고,
끝났지만, 끝낼 줄은 모른 채.
삶을 기다리며 죽었고,
죽음을 기다리며 살았다.
여기 잠들다, 심장 없는 심장, 비뚤어진 채,
실패라고 하기엔 너무나 성공적인.

Pas poseur, ― posant pour *l'unique* ;
Trop naïf étant trop cynique ;
Ne croyant à rien, croyant tout.
― Son goût était dans le dégoût.
. . . .

Trop *soi* pour se pouvoir souffrir,
L'esprit à sec et la tête ivre,
Fini, mais ne sachant finir,
Il mourut en s'attendant vivre
Et vécut, s'attendant mourir.
Ci-gît, cœur sans cœur, mal planté,

Trop réussi comme raté.

이뿐만 아니라 이 책의 해당 부분 전체를, 그리고 책 전체를 인용해야 마땅할 것이다. 아니 차라리 1873년에 출간되어 오늘날에는 거의 구할 수 없는 독특한 작품 『노란 사랑Les Amours Jaunes』*을 재출간해야 할 것이다. 비용**과 피롱***이 종종 성공하는 경쟁자를 보며 느꼈을 즐거움으로서의 이 작품을, 그리고 동시대의 진정한 시인들 가운데 가장 유명한 이들이 적어도 자기 수준에 맞는 스승을 발견하게 해 준 이 작품을 말이다!

자, 우리가 지금 다루는 『노란 사랑』의 일부 대목에서 그 자체로 엄존하는 몇 가지 독립된 시구들을 마지막으로 제시하기 전까지는 아직 브르타뉴인과 선원에 관한 주제로 넘어가고 싶지 않다.

"**세련되게, 술 또는 폐병으로**" 죽은 친구에 관해서다.

자신의 즉흥적인 짤막한 곡조를 휘파람으로 그토록 높이 불렀던 그.

Lui qui sifflait si haut son petit air de tête.

---

* 글라디 프레르Glady frères 출판사.
** 프랑수아 비용François Villon(1431~1463). 프랑스 시인.
*** 알렉시 피롱Alexis Piron(1689~1773). 18세기 프랑스 시인.

다음은 아마도 동일 인물에 관한 이야기인 듯하다.

그는 얼마나 '자기 자신'다웠던가, 이 생기 넘치는 '젊은이'여!
삶에 대해서는 거칠게, 오 좋구나!… 그리고 꿈속에서는 그토록 부드럽게.
그는 얼마나 즐겁게 자기 머리를 들거나 눕혔던가!

Comme il était bien Lui, ce Jeune plein de sève !
Apre à la vie *O gué !*... et si doux en son rêve.
Comme il portait sa tête ou la couchait gaîment !

마침내 다음과 같이 너무나도 아름다운 리듬으로 악마에 홀린 소네트가 있다.

시간들 HEURES

길거리의 강도에게 적선을!
살인자의 눈에 사악한 눈을!
검객에게는 철검으로 맞선다!

―내 영혼은 은총 어린 상태가 아니다!―

나는 팜플로나의 광인,

검은 크레이프를 두른

위선적인 달의 웃음이 두렵다…

공포여! 모든 것이 촛불 덮개 아래 있구나.

나는 래칫 비슷한 소리를 듣는다…

그것은 나를 부르는 불길한 시간.

깊은 밤 조종이 울린다… 두 번의 조종.

나는 열네 시간 이상을 세었다…

시간은 눈물 한 방울. ―너는 우는구나,

내 마음아!… 계속 노래하라, 가라! ―셈하지 마라.

Aumône au malandrin en chasse !

Mauvais œil à l'œil assassin !

Fer contre fer au spadassin !

― Mon âme n'est pas en état de grâce ! ―

Je suis le fou, de Pampelune,

J'ai peur du rire de la Lune

Cafarde avec son crêpe noir...
Mon cœur ! tout est donc sous un éteignoir.

J'entends comme un bruit de crécelle...
C'est la maie heure qui m'appelle.
Dans le creux des nuits tombe un glas... deux glas.

J'ai compté plus de quatorze heures...
L'heure est une larme. — Tu pleures,
Mon cœur !... Chante encor, va ! — Ne compte pas.

덧붙여 말하자면, 겸허히 감상해 보자, 이 강력한 언어를, 그 난폭함 속의 단순함, 매력적이고, 놀랍도록 정확한, 이 지식을, 결국, 지나치게 풍부하진 않아도, 시구에서 드물게 나타나는 이 각운을.

그리고 이제 훨씬 더 멋진 코르비에르에 관해 이야기해 보자.

브르타뉴의 전통을 훌륭하게 간직한 브르타뉴인이여! 정녕 황무지와 거대한 참나무들, 그리고 해안가가 낳은 아이였구나! 그리고 이 무시무시한 거짓 회의주의자는, 해안가에 사는 거칠면서도 다정한 동향인들의 강력하고도 극심한 미신적인 신앙에 대한 기억과 애정을 그 얼마나 간직하고 있었던가!

들어 보라, 아니 차라리 보라, 보라, 아니 차라리 들어 보라(이런 괴물 같은 것에 대한 감각을 대체 어떻게 표현할 수 있겠는가?) 그의 『성녀 안나의 용서Pardon de Sainte Anne』에서 무작위로 뽑은 단편들을.

. . . .

도끼로 깎아 만든 어머니여,
단단하고 선한 참나무의 심장 전부가,
당신의 금빛 옷 아래 숨어 있다.
순수한 브르타뉴인의 조각난 영혼이여!

급류의 돌처럼
닳아 버린 얼굴의 정정한 노파여,
사랑의 눈물로 뚫리고,
피의 눈물로 마른.

Mère taillée à coups de hache,
Tout cœur de chêne dur et bon,
Sous l'or de ta robe se cache.
L'âme en pièce d'un franc Breton !

Vieille verte à face usée

Comme la pierre du torrent ;

Par des larmes d'amour creusée,

Séchée avec des pleurs de sang.

. . . .

맹인들의 지팡이여! 노파들의

목발이여! 갓난아기들의 팔이여!

어머니가 된 딸의 어머니여!

버림받은 이들의 혈육이여!

―오 순결한 처녀의 꽃이여!

부푼 가슴의 아내가 맺은 열매,

과부의 안식처…

그리고 홀아비의 자비로운 성모여!

Bâton des aveugles ! Béquille

Des vieilles ! Bras des nouveau-nés !

Mère de madame ta fille !

Parente des abandonnés !

— O Fleur de la pucelle neuve !

Fruit de l'épouse au sein grossi,

Reposoir de la femme veuve...

Et du veuf Dame-de-merci !

. . . .

미혼모를 불쌍히 여기소서,
길가에 있는 어린아이에게도.
누군가 그녀에게 돌을 던진다면
그 돌이 빵으로 변하게 하소서

Prends pitié de la fille-mère,

Du petit au bord du chemin.

Si quelqu'un lui jette la pierre

Que la pierre se change en pain

. . . .

위의 '용서Pardon'라는 시를 우리가 정한 제한된 틀 안에서 전부 인용하기란 불가능하다. 하지만 바다의 모든 것을 담은 '끝la Fin'이라는 제목의 시를 전체적으로 제시하지 않고 코르비에르와 작별하는 것은 잘못일 듯하다.

오! 얼마나 많은 선원들, 얼마나 많은 선장들

(…)(빅토르 위고 '검은 대양Oceano nox')

자, 이 모든 선원들 —수부들, 선장들은,

그들의 거대한 대양에 영원히 수장되었다…

먼 항해를 걱정 없이 떠났다가

죽었다 —정확히 그들이 떠났을 때처럼.

자! 그게 그들의 직업이지, 그들은 장화를 신은 채 죽었다!

가슴에 **술잔**을 안고, 외투를 입은 채 살아 있는 듯…

—죽었다… 고맙구나. **죽음의 여신**은 바다에 서툴러

너희와 동침하니, 그녀가 너희의 마누라이다…

그들은, 그렇다. 모두가! 파도에 휩쓸려 가거나

                돌풍 속으로 사라졌다…

돌풍… 그게 정말 죽음인가? 아래쪽 돛이

물속을 가르며 펄럭이는 것! —그걸 **좌초**라 하지…

납빛 파도, 그리고 높은 돛이

낮게 깔린 물결을 후려치는 것 —그걸 침몰이라 하지.

—침몰— 그 말의 깊이를 재 보라. 당신들 **죽음** 참으로 창백하되

묵직한 돌풍 아래 배 위에선 별 게 아닌 일이다…

분투하는 뱃사람의 쓰디쓴 미소 앞에선

별 게 아닌 일이다. ―자, 비켜라!―

낡고 바람 빠진 유령이여, '죽음'은 모습을 바꾼다

     바다!…

익사라고? ―에이! 말도 안 된다! **익사자**들은 민물에서 생긴다.

―침몰했다! 사람들과 모든 것이 모조리 다! 어린 선원까지도,

눈에는 도전을, 이에는 욕설을!

거품에 힘겹게 씹던 담배를 뱉으며,

구역질 없이 **짠 바닷물**을 크게 한 잔 들이키고…

    ―마치 자신들의 술잔을 비우듯이.―

 . . . .

―6피트 아래 땅도, 묘지의 쥐들도 없이.

그들은, 상어들에게로 간다! 선원의 영혼은,

당신들의 감자 속에서 스며 나오는 대신

    파도 하나하나에서 숨쉬고 있다.

―수평선에서 물결이 이는 것을 보라,

    마치 반쯤 취한 창녀의

정욕에 들뜬 배 같구나…

   그들이 저기 있다! ―파도에는 깊이가 있다.―

들어 보라, 울부짖는 폭풍우를 들어 보라!…

그들의 기일이다. —참 자주도 돌아온다!—

오 시인이여, 당신이 지닌 맹인의 노래는 당신이나 간직하라,

—그들에게는, 바람이 울부짖는 **데 프로푼디스***를.

…그들이 처녀의 공간 속을 한없이 구르게 하라!…

   그들이 푸르게 벌거벗은 채로 구르게 하라,

못도 전나무도 없이, 뚜껑도 없이, 양초도 없이.

 —그들이 구르게 내버려 두라, 벼락부자가 된 **사냥개들**이여!

   Oh ! combien de marins, combien de capitaines

   Etc. (V. Hugo.)

Eh bien, tous ces marins — matelots, capitaines,

Dans leur grand Océan à jamais engloutis…

Partis insoucieux pour leurs courses lointaines

Sont morts — absolument comme ils étaient partis.

Allons ! c'est leur métier ; ils sont morts dans leurs botles !

Leur *boujaron* au cœur, tout vifs dans leurs capotes…

---

* 프랑스어로 '깊은 곳에서'라는 의미로, 『성경』 「시편」 130편의 첫 문구.

— Morts... Merci : la *Camarde* a pas le pied marin

Qu'elle couche avec vous : c'est votre bonne-femme...

— Eux, allons donc : Entiers ! enlevés par la lame

                Ou perdus dans un grain...

Un grain... est-ce la mort, ça ? la basse voilure

Battant à travers l'eau ! — Ça se dit *encombrer*

Un coup de mer plombé, puis la haute mâture

Fouettant les flots ras — et ça se dit *sombrer*.

— Sombrer — Sondez ce mot. Votre *mort* est bien pâle

Et pas grand'chose à bord, sous la lourde rafale...

Pas grand'chose devant le grand sourire amer

Du matelot qui lutte. — Allons donc, de la place ! —

Vieux fantôme éventé, la Mort change de face :

                La Mer !...

Noyés ? — Eh ! allons donc ! Les *noyés* sont d'eau douce.

— Coulés ! corps et biens ! Et, jusqu'au petit mousse,

Le défi dans les yeux, dans les dents le juron !

A l'écume crachant une chique râlée,

Buvant sans hauts-de-cœur *la grand'tasse salée*...

— Comme ils ont bu leur boujaron. —

. . . .

— Pas de fond de six pieds ni rats de cimetière :
Eux, ils vont aux requins ! L'âme d'un matelot,
Au lieu de suinter dans vos pommes de terre,
                Respire à chaque flot.

— Voyez à l'horizon se soulever la houle ;
                On dirait le ventre amoureux
D'une fille de joie en rut, à moitié soûle...
                Ils sont là ! — La houle a du creux. —

— Écoutez, écoutez la tourmente qui beugle !...
C'est leur anniversaire. — Il revient bien souvent ! —
O poète, gardez pour vous vos chants d'aveugle ;
— Eux : le *De profundis* que leur corne le vent.

...Qu'ils roulent infinis dans les espaces vierges !...
                Qu'ils roulent verts et nus,
Sans clous et sans sapin, sans couvercle, sans cierge.
— Laissez-les donc rouler, *terriers* parvenus !

2
아르튀르 랭보
Arthur Rimbaud

우리는 아르튀르 랭보를 알게 되는 기쁨을 누렸다. 지금 우리는 그와 거리가 있지만, 그의 천재성과 성격에 대한 우리의 깊디깊은 존경심이 부족했던 적은 당연히 한 번도 없었다.

우리가 그와 가까워지기 오래전, 아르튀르 랭보는 16~17세 정도의 어린 학생이었는데 그는 진정한 독자들이 알아야 할, 그리고 우리가 가능한 한 많이 인용하며 분석하려고 하는 온전한 시적 지식을 진작부터 갖추고 있었다.

그는 키가 크고, 거의 운동선수 같은 건장한 체격을 가졌고, 추방된 천사처럼 완벽한 계란형 얼굴, 정돈되지 않은 밝은 밤색 머리카락과 불안하게 창백한 파란 눈을 가지고 있었다. 아르덴 출신의 그는 금세 까먹게 만드는 멋진 사투리 외에도 그 지방 사람들에게만 있는 빠른 동화 능력을 지니고 있었는데, 이는 파리의 메마른 햇살 아래서 그의 문학적 재능이, 우리 선조들이 으레 말하듯, 빠르게 고갈된 이유를 설명할 수 있을 것이다. 결국 그들의 직설적이고 정확한 언어가 항상 틀린 것만은 아니었다!

우리는 우선 아르튀르 랭보의 작품의 첫 번째 부분, 그가 아주 어렸던 청소년기의 작품을—숭고하고 기적 같은 여드름, 사춘기!—다룬 다음, 이 열정적인 정신의 다양한 진화를 그의 문학적 행보의 끝까지 살펴볼 것이다.

여기서 한 가지 덧붙이건대 이 글이 우연히 그의 눈에 띈다면, 아르튀르 랭보는 우리가 인간의 동기를 판단하지 않는다는 점을 알았으면 한다. 우리가 시에 대한 그의 단념을 완전히 받아들였음(또한 절망적으로 슬퍼하고 있음을)에 확신하길 바란다. 다만 그 단념이, 우리가 의심하지 않듯, 그 자신에게 있어 논리적이고, 정직하며, 필요한 것이기만 하다면 말이다.

랭보의 작품들은 아주 어렸을 적, 즉 1869년, 1870년, 1871년으로 거슬러 올라가면서 매우 풍부하며 상당한 분량의 작품집을 형성할 것이다. 이 작품집은 대체로 짤막한 시들인 소네트, 트리올레triolets[*], 4·5·6행 시 들로 구성된다. 시인은 쌍각운雙脚韻[**]을 결코 사용하지 않는다. 그의 시구는 탄탄하게 자리 잡혀 있고, 인위적인 기교가 거의 없다. 자유로운 중간 휴지休止도 거의 없고, 앙장브망Enjambement[***]은 더더욱 없다. 단어 선택은 항상 세련되고, 때때로 의도적으로 현학적이다. 언어는 순수하고 명확하게 유지되며, 개념이 심오해지거나 의미가 모호해져도 그렇다. 운율은 대단히 훌륭하다.

여기까지 말한 내용을 더 충실하게 정당화하기 위해선 다음 소네트의 제시보다 더 좋은 방법은 없으리라.

---

[*] 8음절의 8행 시로서, 제1행이 제4행과 제7행에서 되풀이되고 제2행이 제8행에서 되풀이되는 구조의 프랑스 시 형식.

[**] AA BB CC와 같은 형식의 연속적으로 나타나는 각운.

[***] 앞 행의 끝 구절이 다음 행에 걸쳐 있는 시구詩句.

모음들 VOYELLES

검은 A, 흰 E, 빨간 I, 푸른 U, 파란 O, 모음들이여,
언젠가는 너희들의 보이지 않는 탄생을 말하리라.
A, 끔찍한 악취 주변을 윙윙거리는
번쩍이는 파리들의 검은 코르셋,

어둠의 만灣, E, 기선과 천막의 순수함,
창 모양의 당당한 얼음들, 하얀 왕들, 산형화들의 떨림,
I, 자줏빛, 내뱉은 피, 분노 또는 속죄하는 도취 속에서
웃는 아름다운 입술.

U, 순환, 짙은 녹색 바다의 신성한 일렁임,
동물들이 흩어져 있는 방목장의 평화, 연금술사의
커다란 학구적인 이마에 새겨진 주름의 평화.

O, 이상한 새된 소리로 가득한 최후의 나팔,
세계들과 천사들이 가로지르는 침묵,
—오, 오메가여, 그 눈의 보랏빛 광선이여!

A noir, E blanc, I rouge, U vert, O bleu, voyelles,
Je dirai quelque jour vos naissances latentes.

A, noir corset velu des mouches éclatantes

Qui bombillent autour des puanteurs cruelles,

Golfes d'ombre ; E, candeur des vapeurs et des tentes,

Lances des glaciers fiers, rois blancs, frissons d'ombelles ;

I, pourpres, sang craché, rire des lèvres belles

Dans la colère ou les ivresses pénitentes ;

U, cycles, vibrements divins des mers virides,

Paix des pâtis semés d'animaux, paix des rides

Que l'alchimie imprime aux grands fronts studieux

O, suprême Clairon plein de strideurs étranges,

Silences traversés des Mondes et des Anges :

— O l'Oméga, rayon violet de Ses Yeux !

뮤즈(어쩔 수 없다! 선조들 만세!)—우리가 말하는 아르튀르 랭보의 뮤즈는 모든 음색을 취하고, 하프의 모든 현을 튕기며, 기타의 모든 줄을 뜯고, 만약 존재한다면 가장 날렵한 활로 레벡Rebec*을 어루만진다.

---

* 중세와 르네상스 시기의 유럽에서 연주됐던 찰현악기.

아르튀르 랭보는 무엇보다도 자신이 원하면 시치미를 떼고 조롱하는 면모를 보이는 동시에 신이 창조한 위대한 시인으로 남아 있다.

무릎을 꿇고 앞에 앉아 올리는 '저녁 기도Oraison du soir'와 '앉아 있는 자들Assis'이 이를 증명한다!

저녁 기도 ORAISON DU SOIR

나는 앉아서 살고 있다, 이발사 손의 천사처럼,

깊게 파인 홈이 있는 술잔을 움켜쥐고,

하복부와 목을 뒤로 활처럼 구부리며, 이에는

아선약을 물고, 만져지지 않는 돛으로 부풀어 오른 공기 아래.

오래된 비둘기집의 뜨거운 배설물처럼

천 가지 꿈들이 내 안에서 부드러운 화상을 만든다,

그러면 이따금 나의 슬픈 가슴은 노랗고

짙은 노란 금빛으로 물든 나무의 흰 속살 같다.

그리고 나는 정성스레 꿈들을 삼키고는,

삼사십 잔을 마셨기에, 몸을 돌려,

자극적인 욕구를 해소하기 위해 명상한다.

삼나무와 히솝의 주님처럼 부드럽게,

거무스름한 하늘을 향해 매우 높고 멀리 오줌을 눈다,

거대한 해바라기들의 맞장구를 받으며.

Je vis assis tel qu'un ange aux mains d'un barbier,

Empoignant une chope à fortes cannelures,

L'hypogastre et le col cambrés, une Gambier

Aux dents, sous l'air gonflé d'impalpables voilures.

Tels que les excréments chauds d'un vieux colombier

Mille rêves en moi font de douces brûlures ;

Puis par instants mon cœur triste est comme un aubier

Qu'ensanglante l'or jaune et sombre des coulures.

Puis quand j'ai ravalé mes rêves avec soin,

Je me tourne, ayant bu trente ou quarante chopes,

Et me recueille pour lâcher l'âcre besoin.

Doux comme le Seigneur du cèdre et des hysopes,

Je pisse vers les cieux bruns très haut et très loin,

Avec l'assentiment des grands héliotropes.

'앉아 있는 자들'에는 제대로 이해하기 위해 아마도 들려 주어야 할 짤막한 이야기가 있다.

아르튀르 랭보는 당시 OOO고등학교 1학년을 통학하며 다니면서 숱하게 학교를 빼먹고 밤낮으로 산과 숲, 들판을 돌아다니다가—정말 대단한 방랑자였다!—마침내 지치면 앞서 말한 도시의 도서관에 가서 도서관장의 귀에 거슬리게 들리는 책들을 요청하곤 했다. 도서관장의 이름은 후대에 전해질 만한 이름은 아니어서 우리의 펜 끝에서 아른거리고만 있지만, 이 저주받은 업무를 맡은 영감의 이름이 무엇인지 아는 것이 그리 중요한가? 그 훌륭한 관료는 직무상 랭보가 요청한 『동양 이야기Contes Orientaux』*와 파바르**의 오페라 극본, 매우 오래되고 희귀하며 모호한 과학 서적들을 모두 뒤섞어 건네면서, 그 사내아이를 위해 **일어나는** 일에 투덜거리며 아이가 하는 하찮은 공부, 그러니까 키케로, 호라티우스, 그리고 더는 기억되지 않는 그리스인들에게로 되돌아가라고 경솔하게 말했다. 하지만 그 아이는 그 노인보다 고전에 관해 훨씬 더 잘 알았으며 특히 매우 잘 이해하고 있었고, 결국 '화가 나서' 문제의 걸작을 탄생시켰다.

---

* 영국 시인 조지 고든 바이런George Gordon Byron(1788~1824)의 낭만주의적 오리엔탈리즘을 다룬 작품집의 프랑스어판.
** 샤를 시몬 파바르Charles-Simon Favart(1710~1792). 코미디 오페라에 능했던 18세기 극작가.

앉아 있는 자들 ASSIS

돋보기로 검게 그을린, 곰보 같은, 시퍼런 테를 두른
눈동자, 뭉툭한 손가락 마디에는 경련이 일어나고,
낡은 벽에 핀 곰팡이꽃처럼,
희미하게 성난 흔적들로 덮인 정수리,

그들은 간질 같은 사랑 속에서,
기이한 뼈대를 검은 의자의 커다란 뼈다귀에
접붙였다, 그들의 발은 구루병 걸린 창살에
아침이고 저녁이고 얽힌다,

이 노인들은 언제나 의자와 얽혀 있다,
자신들의 피부를 모슬린처럼 만드는 강렬한 태양을 느끼며,
혹은 눈꽃이 시들어 가는 유리창에 두 눈을 박고,
두꺼비의 고통스러운 전율로 떨곤 했다.

그리고 의자들은 그들에게 친절하다, 갈색빛 띤
짚은, 그들의 허리 구석에 양보한다.
오래된 태양들의 영혼은 불붙는다
곡식이 발효되던 이삭의 짜임으로, 감싸인 채로.

그리고 앉아 있는 자들, 무릎에 이를 댄, 녹색 피아니스트들,
북소리 나는 의자 아래 열 손가락은
슬픈 뱃노래를 부르며 듣고 있고
그들의 머리는 사랑의 흔들림 속으로 나아간다.

오! 그들을 일으키지 말라! 그건 난파다.
그들은 뺨 맞은 고양이처럼 으르렁대며 솟아오르고
천천히 어깨뼈를 열어젖힌다, 오 분노여!
바지는 그들의 부푼 허리로 온통 불룩하다.

그리고 당신은 그들의 대머리가 어두운 벽을 치는
소리를, 비틀린 발로 걷어차고 또 걷어차는 소리를 듣는다,
그들의 옷깃 단추는 복도 깊은 곳에서
당신의 눈을 사로잡는 야수의 눈동자.

그리고 그들에겐 사람 죽이는 보이지 않는 손이 있어,
돌아올 때, 그들의 시선은 검은 독을 걸러내고
얻어맞은 암컷 개의 고통스러운 눈에 그 독을 채우며,
당신은 끔찍한 깔때기 속에 갇혀 땀을 흘린다.

다시 앉아, 더러운 소매 속으로 쥔 주먹으로,
자신들을 일어나게 한 이들을 생각하며,

새벽부터 저녁까지 편도선 송이들이

그들의 연약한 턱 아래 터질 듯 흔들린다.

엄숙한 잠이 그들의 차양을 내리면

그들은 비옥한 자리의 팔걸이 위에서,

가장자리에 놓인 의자에서의 진정한 작은 사랑을 꿈꾸니

거만한 책상들이 테두리를 두르게 될 곳.

잉크로 된 꽃들이, 쉼표로 된 꽃가루를 뱉어내며,

웅크린 꽃받침을 따라 그들을 달래고,

창포 날개를 따라 잠자리의 비행처럼,

―그리고 그들의 팔다리는 이삭 수염에 괴롭혀진다!

Noirs de loupes, grêlés, les yeux cerclés de bagues

Vertes, leurs doigts boulus crispés à leurs fémurs,

Le sinciput plaqué de hargnosités vagues

Comme les floraisons lépreuses des vieux murs,

Ils ont greffé dans des amours épileptiques

Leur fantasque ossature aux grands squelettes noirs

De leurs chaises ; leurs pieds aux barreaux rachitiques

S'entrelacent pour les matins et pour les soirs.

Ces vieillards ont toujours fait tresse avec leurs sièges,

Sentant les soleils vifs percaliser leurs peaux,

Ou les yeux à la vitre où se fanent les neiges,

Tremblant du tremblement douloureux des crapauds.

Et les Sièges leur ont des bontés ; culottée

De brun, la paille cède aux angles de leurs reins.

L'âme des vieux soleils s'allume, emmaillotée

Dans ces tresses d'épis où fermentaient les grains.

Et les Assis, genoux aux dents, verts pianistes,

Les dix doigts sous leur siège aux rumeurs de tambour,

S'écoutent clapoter des barcarolles tristes

Et leurs caboches vont dans des roulis d'amour.

Oh ! ne les faites pas lever ! C'est le naufrage.

Ils surgissent, grondant comme des chats giflés,

Ouvrant lentement leurs omoplates, ô rage !

Tout leur pantalon bouffe à leurs reins boursouflés.

Et vous les écoutez cognant leurs têtes chauves

Aux murs sombres, plaquant et plaquant leurs pieds tors,

Et leurs boutons d'habit sont des prunelles fauves

Qui vous accrochent l'œil du fond des corridors.

Puis ils ont une main invisible qui tue ;

Au retour, leur regard filtre ce venin noir

Qui charge l'œil souffrant de la chienne battue,

Et vous suez, pris dans un atroce entonnoir.

Rassis, les poings crispés dans des manchettes sales,

Ils songent à ceux-là qui les ont fait lever,

Et de l'aurore au soir des grappes d'amygdales

Sous leurs mentons chétifs s'agitent à crever.

Quand l'austère sommeil a baissé leurs visières

Ils rêvent sur leurs bras de sièges fécondés,

De vrais petits amours de chaises en lisières

Par lesquelles de fiers bureaux seront bordés.

Des fleurs d'encre, crachant des pollens en virgules,

Les bercent le long des calices accroupis,

Tels qu'au fil des glaïeuls le vol des libellules,

— Et leur membre s'agace à des barbes d'épis !

 우리는 논리적이고 너무나도 적절하게 대담한 마지막 구절까지 정교하고 냉철하게 극단으로 향하는 이 시의 모든 것을 제시하고자 했다. 독자는 이를 통해 시인이 보여 준 아이러니의 힘과 무시무시한 활력을 이해할 수 있을 텐데, 우리에게는 아직 그의 더 탁월한 재능, 최고의 재능을 고찰할 일이 남았다. 이것은 지성의 놀라운 증언이며, 비겁한 세계주의가 만연한 이 시대에, 강조하건대 인종과 계급의 자연스럽고 신비로운 우월성에 관한 자부심으로 가득한 프랑스적인, 매우 프랑스적인 증거이며, 인간의 '정신', '영혼', 그리고 '마음'이라는 불멸의 왕권에 대한 이의의 여지가 없는 확언이다. 이는 바로 '우아함'과 '힘' 그리고 위대한 '수사학'으로서, 1883년의 흥미롭고 섬세하며 회화적이지만 편협한, 아니, 편협함을 넘어 옹졸한 우리의 자연주의자들이 부정했던 것들이다!
 '힘'은, 우리가 앞서 실었던 몇몇 작품 중에서 그 예시를 보았지만, 역설과 가공할 만한 아름다운 기질로 그만큼이나 치장되어 있어 어떤 의미에서는 변장한 것처럼 보인다. 우리는 그 힘을 이 작업의 끝에서 매우 아름답고 순수한 모습을 지닌 온전한 상태로 다시 만날 것이다. 지금 우리를 부르는 것은 바로 '은총'이다. 그것은 특별하고, 분명 지금까지는 알려지지 않은 은총으로, 여기에서는 기묘함과 이상함이 극도의 부드러움, 사고와 문체의 성스러운 단순성을 벌하고 신랄하게 비판한다.

우리는 그 어떤 문학에서도 다음과 같이 조금 거칠면서도 이토록 부드럽고, 상냥하게 풍자적이고 다정하며, 이렇게나 **훌륭**하고, 솔직하고, 울림을 주며, 대가다운 시를 알지 못한다.

놀란 아이들 LES EFFARÉS

안개 낀 눈 속에서,
빛나는 커다란 환기창에 까맣게 달라붙어,
　　　동그란 엉덩이들,
무릎을 꿇은 아이들이 —가엾다!
빵 장수가 묵직한 황금색 빵을
　　　만드는 일을 바라본다.

아이들은 거칠고 하얀 팔이
회색 반죽을 휘젓고 환한 구멍 속에
　　　그것을 밀어 넣는 모습을 지켜본다.
아이들은 맛있는 빵이 구워지는 소리를 듣는다.
미소를 가득 띤 빵 장수가
　　　오래된 노래를 한 곡조 부른다.

웅크려 앉은 채, 그 누구 하나 움직이지 않는다,
붉은 환기창의 숨결이
       젖가슴처럼 따뜻하다.
누군가의 밤참을 위해,
브리오슈처럼 만들어진
       빵이 꺼내질 때,

연기로 그을린 대들보 아래에서
향기로운 빵 껍질과 귀뚜라미가
       노래를 부를 때,
저 따뜻한 구멍에서 삶이 부풀어 오를 때,
아이들은 넋을 잃는다
       누더기를 걸친 채,

아이들은 살아 있는 듯한 기분이 든다,
서리를 잔뜩 맞은 가엾은 아이들은,
       그곳에 모두 있다,
그 작고 발그레한 얼굴을 철망에
붙인 채, 구멍들 사이로 무언가를
       중얼거리며,

너무나도 어리석은 아이들은, 기도하다가

다시 열린 하늘의 빛을 향해
        다시 움츠러든다,
바지가 찢겨 나가고
셔츠가 들썩거린다
        겨울바람에.

Noirs dans la neige et dans la brume,

Au grand soupirail qui s'allume,

        Leurs culs en rond,

A genoux les petits — misère !

Regardent le boulanger faire

        Le lourd pain blond.

Ils voient le fort bras blanc qui tourne

La pâte grise et qui l'enfourne

        Dans un trou clair.

Ils écoutent le bon pain cuire.

Le boulanger au gros sourire

        Chante un vieil air.

Ils sont blottis, pas un ne bouge,

Au souffle du soupirail rouge

Chaud comme un sein.

Quand pour quelque médianoche,

Façonné comme une brioche

    On sort le pain,

Quand sous les poutres enfumées

Chantent les croûtes parfumées

    Et les grillons,

Que ce trou chaud souffle la vie,

Ils ont leur âme si ravie

    Sous leurs haillons,

Ils se ressentent si bien vivre,

Les pauvres Jésus pleins de givre,

    Qu'ils sont là tous,

Collant leurs petits museaux roses

Au treillage, grognant des choses

    Entre les trous,

Tout bêtes, faisant leurs prières

Et repliés vers ces lumières

    Du ciel rouvert,

Si fort qu'ils crèvent leur culotte

Et que leur chemise tremblotte

    Au vent d'hiver.

어떻게 생각하는가? 우리는 이 '작은 그림'이 지닌 독창성과 관련하여 그 어떤 시인들 사이에서도 찾아볼 수 없는 유사성을 다른 예술에서 발견할 수 있다는 점에서, 이것이 더 나쁘면서도 더 좋은 고야Goya풍의 작품이라고 말할 수 있겠다. 고야와 무리요Murillo*에게 물어본다면, 옳다고 인정할 것임을 잘 알아 두길 바란다.

'이 잡는 여인들' 역시 고야풍이라 할 수 있는데, 이번에는 격렬하게 빛나는 고야풍 작품으로, 분홍빛과 파란빛 **효과**와 환상적인 수준까지 이르는 독특한 터치로 섬세한 빛의 변주와 함께 그려졌다. 그러나 시인은 항상 고귀한 감동과 아름다운 운율의 노래를 통해 화가보다 얼마나 더 우월한지!

직접 확인해 보라.

---

* 사실주의적인 관점에서 동시대의 아이들 그림을 많이 그린 바르톨로메 에스테반 무리요Bartolomé Esteban Murillo(1617~1682)로 추정.

이 잡는 여인들 LES CHERCHEUSES DE POUX

아이의 이마가, 붉읏붉읏한 고통으로 가득하여,

흐릿한 꿈들의 하얀 무리에 애원할 때면,

아이의 침대 곁으로 매력적인 두 누이가 다가온다

은빛 손톱에 가냘픈 손가락들을 하고.

두 누이는 활짝 열린 십자형 창 앞

파란 대기가 어지러이 핀 꽃들을 적시는 곳에 아이를 앉히고,

이슬이 내린 숱 많은 머리카락 속을

가느다란, 무섭고도 매혹적인 손가락으로 훑는다.

아이는 누이들의 두려운 숨결이 노래하는 소리를 듣는다

달콤한 분홍빛 꽃향기를 오래 풍기며,

입술에 침을 축이고 또 입맞춤의 욕망으로

이따금 휘파람 소리에 끊어지는 숨결을.

아이는 향기로운 침묵 아래 검은 속눈썹이 떨리는 소리를

듣는다, 누이들의 부드럽고도 전기를 띤 손가락들이

회색빛 나태 속에서 왕 같은 손톱 아래에서

작은 벼룩들의 죽음을 튕긴다.

아이 안에서 '나태'의 취기가 오르고

혼미해질 듯한 하모니카의 한숨,

아이는, 느릿한 어루만짐에 따라,

울고픈 마음 줄곧 일다 가라앉음을 느낀다.

Quand le front de l'enfant, plein de rouges tourmentes,

Implore l'essaim blanc des rêves indistincts,

Il vient près de son lit deux grandes sœurs charmantes

Avec de frêles doigts aux ongles argentins.

Elles assoient l'enfant devant une croisée

Grande ouverte où l'air bleu baigne un fouillis de fleurs,

Et dans ses lourds cheveux où tombe la rosée

Promènent leurs doigts fins, terribles et charmeurs.

Il écoute chanter leurs haleines craintives

Qui fleurent de longs miels végétaux et rosés

Et qu'interrompt parfois un sifflement, salives

Reprises sur la lèvre ou désirs de baisers.

Il entend leurs cils noirs battant sous les silences

Parfumés ; et leurs doigts électriques et doux

Font crépiter parmi ses grises indolences

Sous leurs ongles royaux la mort des petits poux.

Voilà que monte en lui le vin de la Paresse,

Soupir d'harmonica qui pourrait délirer ;

L'enfant se sent, selon la lenteur des caresses,

Sourdre et mourir sans cesse un désir de pleurer.

 마지막 절의 불규칙한 운율마저도, 접속사 없이 마침표 사이에 머무는 마지막 문장마저도, 마치 공중에 매달려 있고 돌출된 듯한 이 문장은 이 작품의 연약한 매력에 스케치의 가벼움, 기법적 **떨림**을 더해 준다. 그리고 그 아름다운 움직임, 라마르틴* 특유의 진동, 그렇지 않은가? 꿈과 음악 속으로 이어지는 듯한 이 몇 구절 속에서! 라신**의 문체에 가깝다고 감히 덧붙여 말해 볼 수 있겠으며, 더 나아가 베르길리우스***적이라고 고백하지 못할 이유가 있겠는가?

 여러분을 황홀경에 빠뜨릴 만한 기묘하게 도착적이면서도 정숙한 우아함을 보여주는 또 다른 많은 예들이 우리를 유혹하지만, 이 두

---

* 알퐁스 마리 루이 드 프라 라마르틴Alphonse Marie Louis de Prat de Lamartine(1790~1868). 프랑스의 낭만주의 시인.

** 장 라신Jean Racine(1639~1699). 대표작으로는 『앙드로마크Andromaque』, 『페드르Phèdre』 등이 있다.

*** 푸블리우스 베르길리우스 마로Publius Vergilius Maro(B.C.70~B.C.19). 로마의 건국 서사시 『아이네이스Aeneus』를 쓴 시인.

번째 장시長詩에 할당된 지면의 제약이 이미 있어서 그토록 섬세한 기적들을 다룰 수 없기에 우리는 더 지체하지 않고 마법사가 우리에게 권하는 다음 시, 찬란한 '힘'의 제국으로 들어갈 것이다.

취한 배 BATEAU IVRE

무심한 '강'을 내려가고 있을 때
예인하는 이들이 나를 더는 인도하지 않음을 느꼈다.
떠들썩한 인디언들이 채색된 기둥에
그들을 발가벗겨 묶어 두고 과녁으로 삼았다.

플랑드르 밀이나 영국 목화의 운반자인 나는
선구船具들에 신경 쓰지 않았다.
예인하는 이들과 함께 이 모든 소동이 끝나자
강물은 내가 원하는 곳으로 흘러가게 했다.

지난겨울, 파도의 격한 찰랑거림 속으로,
어린이들의 머리보다 더 말을 안 듣는 나,
나는 달렸다! 반도半島들의 시작도
이보다 더 기승을 부리는 혼돈은 겪지 않았다.

폭풍은 바다에서의 나의 각성을 축복했다.

난 코르크 마개보다 더 가볍게 춤추었으니

영원한 짐수레꾼이라 불리는 물결 위에서,

열흘 밤을, 등대의 어리석은 시선도 아쉬워하지 않고.

아이들에게 시큼한 사과 과육보다 더 부드러운

초록빛 물이 전나무로 된 내 선체에 스며들어

푸른 포도주 얼룩과 토사물을

씻어냈다, 키와 닻을 흩뜨리며.

이때부터 별로 우려낸 젖빛으로 빛나는

푸른 창공을 삼키는 바다의

시에, 나는 몸을 담갔다, 그곳에는 매료되어 파랗게 질린

뗏목, 생각에 잠긴 익사자가 때때로 가라앉고,

그곳에서는, 낮의 광채 아래 정신 착란과

느린 리듬이 푸르름을 물들이면서,

알코올보다 강하고, 리라보다 장대한

사랑의 쓰디쓴 적갈색이 발효한다.

나는 번개로 쪼개진 하늘, 소용돌이와

파도와 해류를 안다, 나는 저녁을,

비둘기 떼처럼 비상하는 새벽을 안다,
나는 이따금 사람이 봤다고 믿은 것을 보았다.

나는 보았다, 신비의 공포로 얼룩진 낮게 뜬 태양이
아주 옛날 연극배우를 닮은,
기다란 보랏빛 응결체들로, 저 멀리 덧문의
진동을 굴리는 파도를 조명하는 것을.

나는 눈부신 눈이 내린 푸른 밤을 꿈꾸었다,
바다의 두 눈까지 천천히 올라오는 입맞춤을,
들어본 적 없는 수액의 순환을
그리고 노래하는 형광체의 노랗고 파란 각성을.

나는 여러 달 내내 쫓았다, 신경질적인
소들처럼, 암초를 습격하는 거친 물결을,
마리아의 빛나는 발이 숨 가쁜 대양의
콧잔등을 부서뜨릴 수 있으리라 생각하지 않은 채

알다시피 나는, 사람의 피부를 한 표범의 눈이
꽃들과 뒤섞이는 경이로운 플로리다,
바다의 수평선 아래, 청록색 가축 떼에
말굴레처럼 묶인 무지개들과 부딪쳤다.

나는 보았다 거대한 늪이, 한 마리의
리바이어던이 골풀 사이에서 온통 썩어 가는 통발이
잔잔한 가운데 물이 무너져 내리는 곳이,
심연을 향해 폭포를 이루는 먼 곳이 술렁이는 것을!

빙하, 은빛 태양, 진줏빛 물결, 잉걸불의 하늘,
갈색 만灣들의 밑바닥에 펼쳐진 보기 흉한 좌초들,
그곳에는 빈대들이 갉아먹은 거대한 뱀들이
시커먼 향기를 내뿜으며 뒤틀린 나무에서 떨어진다.

나는 파란 물결 무늬의 그 만새기들을, 그 황금 물고기들을,
그 노래하는 물고기들을 아이들에게 보여 주고 싶었는데.
꽃 거품이 나의 출항을 축복했고
형언할 수 없는 바람이 때때로 내 날개가 되었다.

이따금, 흐느끼면서 내 옆질을 부드럽게 흔드는 바다가
극지방과 여러 지대들에 지친 순교자인 나를 향해
노란 빨판을 한 그 어둠의 꽃을 들어 올렸고
그리고 나는 꿇어앉은 여인처럼 가만히 머물렀으니,

거의 섬과 같은, 내 뱃전 위 금빛 눈으로 짖어 대는 새들의

구슬픈 울음과 똥을 피하려 흔들면서,
나의 가냘픈 줄들을 가로질러 익사자들이
잠자러 내려갈 때, 거꾸로 항해했다.

그러나 나는, 작은 만의 머리카락 아래 좌초한 배,
새도 날지 못하는 창공으로 폭풍우에 날아간 배,
소형 군함도 한자 동맹의 범선도
물에 취한 내 몸뚱이를 건져 올리지 못했을 것이다,

자유롭게, 연기를 뿜으며, 자줏빛 안개 속에서 솟아오른,
불그스름한 하늘을 벽인 양 구멍을 냈던 내가
훌륭한 시인들에게 맛있는 잼인,
태양의 이끼와 쪽빛 콧물을 싣고 가는 내가,

매년 7월 타오르는 깔때기의 군청색 하늘이,
몽둥이질로 무너지게 했을 때,
반달 모양의 전기 빛에 얼룩진 검은 해마들의 호위를
받으며, 미친 판자처럼 뛰어갔던 내가,

베헤모스의 암내와 깊은 소용돌이의 신음에
50해리 밖에서 전율했던 내가
파란 부동 상태의 영원한 도망자,

나는 옛 흉벽의 유럽을 그리워한다.

나는 항성의 군도를 보았다! 그리고 항해자에게
착란의 하늘을 열어 보인 섬들을
—수많은 황금빛 새들이여, 오 미래의 원기여,
네가 잠들고 유배되어 있는 곳은 저 바닥없는 어둠 속인가?

그러나, 정말이지, 나는 너무나 울었다! 새벽은 비통하다,
모든 달은 잔인하고 모든 태양은 가혹하다.
쓰라린 사랑이 나를 황홀한 무기력으로 가득 채운다.
오 내 용골龍骨이여 부서져라! 오 나는 바다로 가리라!

내가 유럽의 물을 원한다면, 그것은
웅크린 아이가 향기로운 석양을 향해,
슬픔으로 가득 차 오월의 나비처럼 연약한
배를 띄우는 검고 차가운 웅덩이다.

오 파도여, 나는 그대들의 무기력감에 젖어,
더는 목화 운반선들의 항적을 없앨 수도,
군기와 삼각기의 오만을 가로지를 수도,
거룻배들의 무서운 눈 아래로 노 저어 갈 수도 없다!

Comme je descendais des Fleuves impassibles

Je ne me sentis plus guidé par les haleurs ;

Des Peaux-rouges criards les avaient pris pour cibles,

Les ayant cloués nus aux poteaux de couleurs.

J'étais insoucieux de tous les équipages,

Porteur de blés flamands ou de cotons anglais.

Quand avec mes haleurs ont fini ces tapages

Les Fleuves m'ont laissé descendre où je voulais.

Dans les clapotements furieux des marées,

Moi, l'autre hiver, plus sourd que les cerveaux d'enfants,

Je courus ! Et les Péninsules démarrées,

N'ont pas subi tohu-bohus plus triomphants.

La tempête a béni mes éveils maritimes.

Plus léger qu'un bouchon j'ai dansé sur les flots

Qu'on appelle rouleurs éternels de victimes,

Dix nuits, sans regretter l'œil niais des falots.

Plus douce qu'aux enfants la chair des pommes sures

L'eau verte pénétra ma coque de sapin

Et des taches de vins bleus et des vomissures

Me lava, dispersant gouvernail et grappin.

Et dès lors je me suis baigné dans le poème

De la mer, infusé d'astres et latescent,

Dévorant les azurs verts où, flottaison blême

Et ravie, un noyé pensif parfois descend,

Où, teignant tout à coup les bleuités, délires

Et rhythmes lents sous les rutilements du jour,

Plus fortes que l'alcool, plus vastes que vos lyres,

Fermentent les rousseurs amères de l'amour.

Je sais les cieux crevant en éclairs, et les trombes,

Et les ressacs, et les courants, je sais le soir,

L'aube exaltée ainsi qu'un peuple de colombes,

Et j'ai vu quelquefois ce que l'homme a cru voir.

J'ai vu le soleil bas taché d'horreurs mystiques

Illuminant de longs figements violets,

Pareils à des acteurs de drames très antiques,

Les flots roulant au loin leurs frissons de volets ;

J'ai rêvé la nuit verte aux neiges éblouies,

Baisers montant aux yeux des mers avec lenteur,

La circulation des sèves inouïes

Et l'éveil jaune et bleu des phosphores chanteurs.

J'ai suivi des mois pleins, pareille aux vacheries

Hystériques, la houle à l'assaut des récifs,

Sans songer que les pieds lumineux des Maries

Pussent forcer le mufle aux Océans poussifs ;

J'ai heurté, savez-vous ? d'incroyables Florides,

Mêlant aux fleurs des yeux de panthères, aux peaux

D'hommes, des arcs-en-ciel tendus comme des brides,

Sous l'horizon des mers, à de glauques troupeaux ;

J'ai vu fermenter les marais énormes, nasses

Où pourrit dans les joncs tout un Léviathan,

Des écroulements d'eaux au milieu des bonaces

Et les lointains vers les gouffres cataractant !

Glaciers, soleils d'argent, flots nacreux, cieux de braises,

Échouages hideux au fond des golfes bruns

Où les serpents géants dévorés des punaises

Choient des arbres tordus avec de noirs parfums.

J'aurais voulu montrer aux enfants ces dorades

Du flot bleu, ces poissons d'or, ces poissons chantants.

Des écumes de fleurs ont béni mes dérades

Et d'ineffables vents m'ont ailé par instants.

Parfois, martyr lassé des pôles et des zones,

La mer dont le sanglot faisait mon roulis doux

Montait vers moi ses fleurs d'ombre aux ventouses jaunes

Et je restais ainsi qu'une femme à genoux,

Presqu'île ballottant sur mes bords les querelles

Et les fientes d'oiseaux clabaudeurs aux yeux blonds,

Et je voguais lorsqu'à travers mes liens frêles

Des noyés descendaient dormir à reculons.

Or moi, bateau perdu sous les cheveux des anses,

Jeté par l'ouragan dans l'éther sans oiseau,

Moi dont les Monitors et les voiliers des Hanses

N'auraient pas repêché la carcasse ivre d'eau,

Libre, fumant, monté de brumes violettes,
Moi qui trouais le ciel rougeoyant comme un mur
Qui porte, confiture exquise aux bons poètes,
Des lichens de soleil et des morves d'azur,

Qui courais taché de lunules électriques,
Planche folle, escorté des hippocampes noirs,
Quand les Juillets faisaient croûler à coups de triques
Les cieux ultramarins aux ardents entonnoirs,

Moi qui tremblais, sentant geindre à cinquante lieues
Le rut des Béhémots et des Maelstroms épais,
Fileur éternel des immobilités bleues,
Je regrette l'Europe aux anciens parapets.

J'ai vu des archipels sidéraux ! Et des îles
Dont les cieux délirants sont ouverts au vogueur :
— Est-ce en ces nuits sans fond que tu dors et t'exiles,
Million d'oiseaux d'or, ô future Vigueur ?

Mais, vrai, j'ai trop pleuré ! Les aubes sont navrantes,

Toute lune est atroce et tout soleil amer.

L'âcre amour m'a gonflé de torpeurs enivrantes.

O que ma quille éclate ! O que j'aille à la mer !

Si je désire une eau d'Europe, c'est la flache

Noire et froide où, vers le crépuscule embaumé,

Un enfant accroupi, plein de tristesses, lâche

Un bateau frêle comme un papillon de mai.

Je ne puis plus, baigné de vos langueurs, ô lames,

Enlever leur sillage aux porteurs de cotons,

Ni traverser l'orgueil des drapeaux et des flammes,

Ni nager sous les yeux horribles des pontons !

   이제 시 '첫 성체 배령Les Premières Communions'에 대해선 어떤 평가를 해야 하는가? 이 시는 특히 우리가 이미 많은 인용을 했거니와 여기서 전문을 다루기에는 너무 길고, 또한 우리는 이 시의 정신을 매우 혐오하는데, 그 정신은 노년기의 불경스러운 미슐레*, 여인

---

* 쥘 미슐레Jules Michelet(1798~1874). 프랑스 역사가이자 작가.

들의 더러운 속옷 아래, 그리고 파르니* 뒤로 숨은 미슐레와의 불행한 만남에서 비롯된 것으로 보인다(다른 미슐레는 우리가 그 누구보다도 존경한다). 그렇다, 이 방대한 작품에 대해 어떤 평가를 해야 하는가? 우리가 이 시의 깊은 구성과 모든 구절을 예외 없이 사랑한다는 점은 제외하고 말이다. 다음과 같은 구절들이 있다.

아도나이여! 라틴어의 어미들 속에서
물결치는 초록빛 하늘들이 진홍빛 '이마들'을 적시고
천상의 가슴들에서 흘러나온 순수한 피로 얼룩진,
눈처럼 흰 커다란 천들이 태양들 위로 떨어진다.

Adonaï ! Dans les terminaisons latines

Des cieux moirés de vert baignent les Fronts vermeils

Et, tachés du sang pur des célestes poitrines,

De grands linges neigeux tombent sur les soleils.

'파리가 다시 북적댄다Paris se repeuple'는 피의 주간** 직후에 쓰여

---

* 에바리스트 드 파르니Évariste Désiré de Forges(1753~1814). 18세기 말에서 19세기 초 프랑스 로코코 시인으로, 관능적인 시를 즐겨 쓴 것으로 잘 알려져 있다.
** 1871년 5월 21일부터 28일까지 파리에서 일주일 동안 벌어졌던 파리 코뮌의 마지막 전투.

진 것으로, 아름다움으로 가득하다.

. . . .

널빤지의 벽감 속에 죽은 궁전들을 숨겨라
지난날의 질겁한 빛이 너희들의 시선을 새롭게 한다
보라, 엉덩이를 비틀며 걷는 붉은 무리를!
. . . .

네 발이 분노 속에서 그토록 세차게 춤추었을 때,
파리여! 네가 그토록 많은 칼날을 맞았을 때,
그리고 네가 누워 있을 때, 너의 맑은 눈동자 안에
맹수 같은 새 봄의 온화함을 조금 간직한 채.

Cachez les palais morts dans des niches de planches ;

L'ancien jour effaré rafraîchit vos regards ;

Voici le troupeau roux des tordeuses de hanches !
. . . .

Quand tes pieds ont dansé si fort dans les colères,

Paris ! quand tu reçus tant de coups de couteau,

Quand tu gis, retenant dans tes prunelles claires

Un peu de la bonté du fauve renouveau.

. . . .

동일한 맥락에서, 안타깝게도 현재는 우리가 소장하고 있지 않고 우리의 기억으로도 재구성할 수 없는 '깨어 있는 자들Les Veilleurs'은 그 어떤 시구도 주지 못했던 가장 강렬한 인상을 남겼다. 이 시는 전율, 장대함, 그리고 신성한 슬픔을 지니고 있다! 또한 너무나도 숭고한 몰락의 어조를 띠어, 우리는 감히 이 작품이 아르튀르 랭보가 쓴 것 중 단연 가장 아름다운 작품이라고 믿을 수밖에 없다!

이외에도 우수한 여러 작품들이 우리 손을 거쳐 갔으나, 심술궂은 우연과 제법 험난했던 여행의 소용돌이 속에서 잃어버리고 말았다. 그래서 우리는 '깨어 있는 자들', '웅크림Accroupissements', '교회의 가난한 자들les Pauvres à l'église', '야경꾼들les Réveilleurs de la nuit', '세관원들Douaniers', '잔 마리의 손들Les mains de Jeanne Marie', '자선의 수녀Sœur de charité' 그리고 이 명망 높은 이름으로 서명된 모든 작품을 소장하고 있는, 잘 알려져 있거나 알려지지 않은 모든 친구들에게 현재의 이 작업이 완성될 가능성이 있는 경우를 대비하여 그 모든 작품들을 우리에게 보내 주기를 부탁드린다. 문학의 명예라는 이름으로 우리의 간청을 다시 한번 전한다. 필사가 완료되는 대로 원고는 관대한 소유자 분들께 충실하게 반환될 것이다.

이제 다음과 같은 탁월한 이유로 지금까지 방대하게 확장된 글을 마무리할 때가 되었다.

코르비에르와 말라르메의 이름과 작품은 후세에 길이 보존될 것이다. 한쪽은 사람들의 입술 위에서, 다른 한쪽은 그 가치를 아는 모든 이들의 기억 속에서 울려 퍼질 것이다. 코르비에르와 말라르메는 작지만 거대한 것을 출판했다. 하지만 너무나 경멸적이었던 랭보는, 적어도 자신의 시집을 그 시대의 얼굴에 내던졌던 코르비에르보다도 더 경멸적이어서, 시를 전혀 출간하려 하지 않았다.

단 한 편의 시만이, 그것마저도 그가 부정하거나 인정하지 않았던 것이긴 하지만, 그도 모르는 사이에 1873년쯤 『르네상스 Renaissance』 창간호에 실렸다. 그것이 '까마귀들 les Corbeaux'이었다. 호기심 많은 이들은 이 애국적인—그것도 진정으로 애국적인—작품을 맛볼 수 있을 것이며, 우리 또한 이 작품을 매우 높이 평가하고 있으나, 아직 이것이 전부는 아니다. 우리는 이 다채로운 케이크, 즉 랭보의 작품들 가운데 상당 부분을 우리 시대의 지성인들에게 제공할 수 있음을 자랑스럽게 생각한다!

우리가 랭보의 의견을 들어봤다면(우리는 그의 주소를 모르니, 이는 굉장히 막연한 일이지만), 그는, 아마도 그럴 것이다, 자신과 관련된 이 작업을 하지 말라고 했을 것이다.

이처럼 이 저주받은 시인은 스스로를 저주했다! 하지만 우리가 그에게 영원히 바칠 문학적 우정과 헌신이 우리에게 이 글을 받아쓰도록 명했고, 우리를 무례하게 만들었다. 그에게는 유감이지만! 다행 아닌가? 여러분에게는 말이다. 이 더없이 무심한 소유자가 잃어버린 보물이 모두 사라지지는 않을 것이며, 만약 우리가 죄를 저지르고 있다면 그것은 행복한 과오이리라!

파리에서 얼마간 체류한 후, 다소 어마어마한 여러 편력을 거친 뒤, 랭보는 방향을 바꾸어 (다른 누구도 아닌 바로 그가!) 소박함, 지나친 단순함을 의도적으로 추구하면서 유사 모음의 반복, 모호한 단어들, 그리고 유치하거나 대중적인 문장들만을 사용하게 되었다. 그렇게 그는 미세함과 진정한 흐릿함, 너무나 가냘프고 연약한 나머지 거의 헤아릴 수 없을 정도의 매혹적인 작품을 만들어냈다.

그것을 되찾았네!
무엇을? 영원을.
그것은 태양들과 함께
가 버린 바다라네.

Elle est retrouvée !
Quoi ? l'éternité.
C'est la mer allée
Avec les soleils.
. . . .

하지만 시인은 사라져 갔다. —우리는 다소 특별한 의미에서의 진정한 시인에 대해 이야기하고자 하는 것이다.

놀라운 산문가가 그 뒤를 이었다. 우리 기억에서 사라진 제목의 원고가 있었다, 그것은 기이한 신비주의와 극도로 예리한 심리학적 통찰을 담고 있었는데, 자신들이 무엇을 하는지 제대로 모르는 이들의 손에 들어가 분실되고 말았다.

1873년 브뤼셀의 푸트Poot 출판사(슈Choux가 37번지)에서 출간된 『지옥에서 보낸 한 철Une Saison en Enfer』은 저자가 전혀 '출간 활동'을 하지 않은 탓에 끔찍한 망각 속으로 완전히 침몰해 버렸다. 그에게는 해야 할 다른 일들이 있었던 것이다.

그는 모든 대륙과 모든 바다 들을 떠돌았다. 가난하게, 하지만 떳떳하게(사실 원했다면 그는 가문과 신분 덕분에 부유할 수도 있었을 것이다). 이는 그가 역시나 산문으로 된 찬란한 단편집 『일뤼미나시옹Illuminations』을 쓴 후의 일이었다. 우리가 매우 우려하는 것과 같이, 이 작품들은 영원히 사라져 버렸다.*

그는 『지옥에서 보낸 한 철』에서 이렇게 말했다. "내 시간은 끝났다. 나는 유럽을 떠난다. 바닷바람이 내 폐를 태워 버릴 것이고, 낯선 기후가 내 피부를 무두질할 것이다."

이 모든 것이 매우 좋았기에, 그는 자기가 한 말을 지켰다. 랭보라는 인물 안의 인간은 자유로웠다. 이는 너무나 명백한 사실이며, 우리는 시작할 때부터 이를 인정했다. 다만 결론을 내리며 강조하고자

---

* 『일뤼미나시옹』과 몇 편의 시들이 발견되었다. 결국 흥미로운 일화가 곁들여진 해설과 수많은 초상화가 담긴 호화로운 판형으로 출간될 수밖에 없을 것이다.(원) 『일뤼미나시옹』은 1886년에 발견되어 출간되었고, 많은 시들도 함께 출간되었다. 시인의 전집은 1895년에 완성되었다.(바니에 출판사)

하는 정당한 유보 사항과 함께 말이다. 그런데 시인에 미친 우리가 이 독수리를 붙잡아 이런 새장 안에, 이런 꼬리표 아래 가두어 두는 것이 잘못된 일일까? 게다가 (만약 문학계가 이토록 큰 손실을 감내해야 한다면) 우리는 그보다 형이긴 하지만 위대한 형은 아닌 코르비에르처럼 외칠 수 있지 않을까? 냉소적으로? 아니다. 우울하게? 오 그래! 분노에 차서? 아아 그렇고말고!

꺼져 버렸네

그 성스러운 기름이,

꺼져 버렸네

그 성당지기가!

Elle est éteinte

Cette huile sainte,

Il est éteint

Le sacristain !*

---

* 젊은이들이 자신들이 보기에 해롭지 않다는 생각에, 때때로 아르튀르 랭보라는 이름으로 시를 발표하는 일이 있다. 하지만 분명한 것은 랭보의 진짜 시는, 앞서 인용한 것들과 더불어 이제는 폐간된 한 잡지에 실렸던 '첫 성체 배령'이 전부라는 사실이다. 우리의 오랜 우정으로 인해 이 각주를 써야만 했다.(원)

3
스테판 말라르메
STÉPHANE MALLARMÉ

최근 우리는 출간되지는 않을 책에서, 『현대 파르나스파Le Parnasse contemporain』*지와 그들의 주요 집필진에 대해 이렇게 썼다. "또 다른 시인이, 그것도 그들 중 결코 작지 않은 사람이, 이 그룹과 연관되어 있었다."

"그는 당시 지방에서 영어 교사로 생계를 유지하면서도 파리와 자주 서신을 주고받았다. 그는 여러 신문들을 발칵 뒤집을 만큼의 참신한 시를 파르나스파에 제공했다. 물론 아름다움에 몰두해 있었지만 명료함을 부차적인 우아함으로 여겼고, 자신의 시가 운율적이고 음악적이며 희귀하고 필요에 따라 미약하거나 과도하기만 하다면, 그는 자신이야말로 가장 까다로운 사람이었으면서도 까다로운 사람들을 즐겁게 하기 위해 다른 모든 것은 개의치 않았다. 결국 그는 **비평가**들로부터 냉대받았지만, 프랑스어가 존재하는 한 자신의 엄청난 노력을 증명할 이 순수한 시인은 영원히 남을 것이다! 낭만주의의 사자처럼 날카로운 이빨과 거친 갈기를 지녔을 때라면 그를 더 잘 옹호해 줄 수 있었을 이제는 지쳐 버린 한 대가가 '다소' 무심하게 표현했던 것처럼, '조금은 의도적인 기이함'이라고 얼마나 조롱했던가! 대중 잡지에서, 문예지들의 '중심에서', 거의 모든 곳에서의 비웃음은, 완벽한 작가를 단순히 언어로 되돌리고, 명백한 예술가를 단순히 아름다움의 감각으로 복귀시키는 내용으로 유행했다. 영향력 있는 사

---

* 파르나스파는 고답파高踏派라고도 불리며 감성을 배격하고 이지적이고 실증적인 정신을 중시하는 예술지상주의를 추구하였다. 『현대 파르나스파』는 보들레르, 랭보, 베를렌, 말라르메의 시를 실었고 1866년, 1871년, 1876년에 출판되며 파르나스파 운동을 이끌었다. 그러나 뒤로 가면서 반상징주의 경향을 띄게 됐으며 그로 인해 네 번째 책은 발간이 불발됐다.

람들 가운데 어리석은 자들은 그를 미친 사람 취급했다! 여전히 명예로운 징후라고 할 수 있는 것은, 그 이름값을 하는 작가들이 이 무능한 여론에 가담하는 것을 용인했다는 사실이다. 기지가 뛰어나고 자부할 만한 취향이 있는 사람들, 정당한 대담성과 엄청난 분별력의 대가들, 바르베 도르비이 선생*마저 '어리둥절한 채로 있는' 것을 보았다, 안타깝도다! 파르나스파의 순전히 이론적인 '무감정'에 짜증이 난('문학적 해이'에 맞서기 위한 명확한 구호가 실로 요구되었다) 이 훌륭한 소설가, 이 유일한 논객, 이 천재적인 수필가, 우리의 인정받은 산문 작가들 가운데 단연 최고인 그는 『르 냉 존느Le Nain jaune』지에서 파르나스파를 반대하는 일련의 글을 발표했는데, 거기에서 가장 격노한 정신은 오직 가장 정교한 잔혹함에만 굴복했다. 말라르메에 대한 '소품문小品文'은 특히나 멋들어졌으나, 그 부당함은 우리 각자에게 그 어떤 개인적인 상처보다 더욱더 심한 분노를 일으켰다. 하지만 스테판 말라르메와 그를 마땅히 사랑해야 하는 대로(또는 증오해야 하는 대로)—한없이!—사랑하는 사람들에게 이런 여론의 잘못된 판단이 무슨 상관이었으며, 지금도 무슨 상관이겠는가!"
(『프랑스인의 프랑스 여행: 현대 파르나스파Voyage en France par un Français: Le Parnasse contemporain』)

겨우 6년 전의 이 평가에서 바뀔 부분은 하나도 없으며, 이는 우리가 처음으로 말라르메의 시를 읽었던 그날로 거슬러 올라갈 수 있게

---

* 쥘 바르베 도르비이Jules Barbey d'Aurevilly(1808~1889). 댄디즘을 대변하는 작가이며 대표작은 『악마 같은 여인들Les Diaboliques』.

만들 것이다.

그때 이후로 시인은 자신의 기법을 발전시키고, 원했던 것을 더 많이 할 수 있게 되었다. 그는 변함없이 똑같은 사람이었지만, 정체되지 않았다, 결코 그렇지 않았다! 오히려 새벽에서 정오로, 그리고 오후로 이어지는 점진적인 빛처럼 더욱 자연스럽게 빛나게 되었다.

그래서 우리는 지금으로서는 우리의 작은 독자층을 우리의 산문으로 더 이상 피곤하게 하지 않기 위해, 그들에게 옛 소네트 한 편과 테르차 리마Terza Rima* 한 편을 선보이고자 하는데, 이 시들은 악기의 모든 음을 시도했던 비할 데 없는 그의 재능이 발현되기 시작한 때에 쓰인 것으로, 독자들은 단번에 우리의 소중한 시인이자 친구의 매력에 사로잡힐 것이다.

청원PLACET

오랫동안 꿈꾸었습니다, 오 공작부인이여,
당신의 잔에서 당신의 입맞춤에 웃는 헤베** 가 되길.
하지만 저는 시인일 뿐, 수도사보다도 못하며,
여태껏 세브르 도자기에 조각되지 못했습니다.

---

* 단테가 『신곡』에서 처음 도입한 3운구법의 시.
** 그리스 신화에 나오는 청춘의 여신.

당신의 수염 난 강아지도,

당신의 사탕도, 당신의 입술연지나 응석받이 노리개도 아니고,

그래도 당신의 시선이 나에게 머물렀으니,

미용사들이 금은세공사 노릇을 해야 하는 금발의 여인이여,

저를 임명하소서… 당신의 산딸기 빛 미소

길들인 양떼처럼 분칠한 무리로

마음을 뜯어먹고 황홀경에 음매 울며 가고,

저를 임명하소서… 그러면 부셰*가 장밋빛 부채 위에

제가 손에 피리를 들고 이 양떼를 재우는 모습을 그리리니,

공작부인이여, 저를 당신 미소들의 목동으로 임명하소서.

J'ai longtemps rêvé d'être, ô Duchesse, l'Hébé

Qui rit sur votre tasse au baiser de tes lèvres.

Mais je suis un poète, un peu moins qu'un abbé,

Et n'ai point jusqu'ici figuré sur le Sèvres.

Puisque je ne suis pas ton bichon embarbé,

Ni tes bonbons, ni ton carmin, ni les jeux mièvres,

---

* 프랑수아 부셰François Boucher(1703~1770). 로코코 양식으로 유명한 프랑스 화가.

Et que sur moi pourtant ton regard est tombé,

Blonde dont les coiffeurs divins sont des orfèvres,

Nommez-nous... vous de qui les souris framboisés

Sont un troupeau poudré d'agneaux apprivoisés

Qui vont broutant les cœurs et bêlant aux délires,

Nommez-nous... et Boucher sur un rose éventail

Me peindra flûte aux mains endormant ce bercail,

Duchesse, nommez-moi berger de vos sourires.

(1862)

아, 이 값을 매길 수 없는 온실의 화초! 벼림질하던 장인의 그토록 강인한 손에 의해 얼마나 멋진 방식으로 채취되었는가!

불운 LE GUIGNON

구역질 나는 인간 무리 위에
우리의 길에서 헤매는 창공을 구걸하는 자들의
야생의 갈기가 때때로 솟구치고 있었다.

재가 뒤섞인 바람이 바다의 신성한 팽창이 지나다니는
그들의 깃발들을 질겁하게 만들었고
그들 주변을 피로 물든 바퀴로 파놓곤 했다.

폭풍우 속에 머리를 파묻은 채 그들은 지옥에 도전했다,
그들은 빵도, 지팡이도 그리고 물항아리도 없이 여행했다,
쓰디쓴 이상의 황금 레몬을 씹으며.

대부분 밤의 행렬 속에서 헐떡이며,
제 피가 흐르는 것을 보는 기쁨에 취해 있었다.
죽음은 그 과묵한 이마 위에 하는 입맞춤이었다.

그들이 패배한다면, 그것은 강력한 천사에 의해서이니
그 천사는 검의 섬광으로 지평선을 붉게 물들인다.
자부심이 그들의 감사하는 마음을 터뜨린다.

그들은 '꿈'을 빨아들였듯이 '고통'을 빨아들이고
그들이 관능적인 눈물의 리듬을 만들어낼 때
민중은 무릎을 꿇고 그들의 어머니는 일어선다.

그들은 위엄 있기에 위안을 받는다.
하지만 그들의 발아래에는 조롱당하는 형제들 있으니,
굽이치는 우연의 우스꽝스러운 순교자들이다.

똑같이 짠 눈물이 그들의 창백한 뺨을 갉아 먹고,
그들도 같은 사랑으로 재를 먹는다
하지만 그들을 난타하는 운명은 저속하거나 희극적이다.

그들도 북처럼 울릴 수 있었으리라
흐릿한 눈을 가진 인종들의 노예 같은 연민을,
독수리 한 마리가 부족한 프로메테우스와 동등하게!

아니다. 늙어 물 없는 사막을 다니며,
그들은 성난 해골의 채찍 아래 걸어간다,
'불운', 그의 이 빠진 웃음이 그들을 엎드리게 한다.

그들이 가면, 그는 엉덩이에 올라타 여행자가 되고,
급류를 건넌 뒤에는 그들을 늪에 빠뜨려

당당히 헤엄치는 자를 진흙투성이 미치광이로 만들어 버린다.

그 덕분에, 누군가 그의 이상한 나팔을 불면,

아이들이 손바닥을 불며 그의 팡파르를 흉내 내어

집요한 웃음으로 우리를 비틀 것이다.

그 덕분에, 만약 그들이 시들어 버린 가슴을

불순함을 불태우는 꽃들과 함께 유혹하러 가면,

그들의 저주받은 꽃다발 위로 달팽이들이 태어날 것이다.

그리고 깃털 달린 펠트 모자를 쓰고

장화 신은 이 난쟁이 해골, 긴 지렁이들이 털처럼 난 겨드랑이를 가진

그는 그들에게 인간적 쓰라림의 무한이다.

그리고 두들겨 맞은 그들이 사악한 자를 도발하면,

그들의 긴 칼이 삐걱거리며 달빛을 따라가니

그 달빛은 해골 속으로 눈처럼 내려 관통한다.

엄격한 불운에 대한 자부심도 없이 불행하며,

자신들의 뼈를 쪼아대는 것에 복수하기를 소홀히 하고,

그들은 증오를 갈망하고 원한만을 가질 뿐이다.

그들은 레벡 연주자들의 오락거리요,

여인들, 아이들 그리고

술통이 마르면 춤추는 넝마주이 늙은 족속들의 오락거리다.

학식 있는 시인들은 그들에게 복수를 설교하나,

그들의 불행을 알지 못한 채, 부서진 그들을 보고,

그들이 무능하고 지성이 없다 말한다.

"그들은 구걸로 얻는 한숨을 구하지 않고도,

마치 폭풍을 갈망하며 날뛰는 들소처럼,

이제 영원해진 그들의 불행을 맛볼 수 있다.

우리는 악마의 사나운 세라핀*에 맞서는

'강인한 자들'을 향으로 취하게 하리라! 이 광대들은

붉은 옷도 입지 않았으면서 멈추기를 바란다!"

모든 이가 그들에게 온갖 경멸을 내뱉으면,

벌거벗은 채, 위업에 목말라하며 천둥을 기원하는

장난스러운 불편함으로 물든 이 햄릿들은

---

* 3쌍의 날개를 가진 높은 위계의 천사.

우스꽝스럽게 가로등에 목을 매러 간다.

Au-dessus du bétail écœurant des humains

Bondissaient par instants les sauvages crinières

Des mendieurs d'azur perdus dans nos chemins.

Un vent mêlé de cendre effarait leurs bannières

Où passe le divin gonflement de la mer

Et creusait autour d'eux de sanglantes ornières.

La tête dans l'orage ils défiaient l'Enfer,

Ils voyageaient sans pain, sans bâtons et sans urnes,

Mordant au citron d'or de l'idéal amer.

La plupart ont râlé dans des ravins nocturnes,

S'enivrant du plaisir de voir couler son sang.

La mort fut un baiser sur ces fronts taciturnes.

S'ils sont vaincus, c'est par un ange très puissant

Qui rougit l'horizon des éclairs de son glaive.

L'orgueil fait éclater leur cœur reconnaissant.

Ils tettent la Douleur comme ils tétaient le Rêve

Et quand ils vont rhythmant leurs pleurs voluptueux

Le peuple s'agenouille et leur mère se lève.

Ceux-là sont consolés étant majestueux.

Mais ils ont sous les pieds des frères qu'on bafoue,

Dérisoires martyrs d'un hasard tortueux.

Des pleurs aussi salés rongent leur pâle joue,

Ils mangent de la cendre avec le même amour ;

Mais vulgaire ou burlesque est le sort qui les roue.

Ils pouvaient faire aussi sonner comme un tambour

La servile pitié des races à l'œil terne,

Égaux de Prométhée à qui manque un vautour !

Non. Vieux et fréquentant les déserts sans citerne,

Ils marchent sous le fouet d'un squelette rageur,

Le GUIGNON, dont le rire édenté les prosterne.

S'ils vont, il grimpe en croupe et se fait voyageur,

Puis, le torrent franchi, les plonge en une mare

Et fait un fou crotté du superbe nageur.

Grâce à lui, si l'un chante en son buccin bizarre,

Des enfants nous tordront en un rire obstiné,

Qui, soufflant dans leurs mains, singeront sa fanfare.

Grâce à lui, s'ils s'en vont tenter un sein fané

Avec des fleurs par qui l'impureté s'allume,

Des limaces naîtront sur leur bouquet damné.

Et ce squelette nain coiffé d'un feutre à plume

Et botté, dont l'aisselle a pour poils de longs vers,

Est pour eux l'infini de l'humaine amertume.

Et si, rossés, ils ont provoqué le pervers,

Leur rapière en grinçant suit le rayon de lune

Qui neige en sa carcasse et qui passe au travers.

Malheureux sans l'orgueil d'une austère infortune,

Dédaigneux de venger leurs os de coups de bec,

Ils convoitent la haine et n'ont que la rancune.

Ils sont l'amusement des racleurs de rebec,

Des femmes, des enfants et de la vieille engeance

Des loqueteux dansant quand le broc est à sec.

Les poètes savants leur prêchent la vengeance,

Et ne sachant leur mal, et les voyant brisés,

Les disent impuissants et sans intelligence.

« Ils peuvent, sans quêter quelques soupirs gueusés,

« Comme un buffle se cabre aspirant la tempête,

« Savourer à présent leurs maux éternisés :

« Nous soûlerons d'encens les Forts qui tiennent tête

« Aux fauves séraphins du Mal ! Ces baladins

« N'ont pas mis d'habit rouge et veulent qu'on s'arrête ! »

Quand chacun a sur eux craché tous ses dédains,

Nus, ensoiffés de grand et priant le tonnerre,

Ces Hamlet abreuvés de malaises badins

Vont ridiculement se pendre au réverbère.

대략 비슷한 시기에, 하지만 분명 더 이르기보다는 좀 더 늦은 시기로 거슬러 올라가야만 하는 다음과 같은 정교한 시가 있다.

현현APPARITION

달은 슬펐다. 눈물 젖은 세라핀들이,
손가락에 활을 쥐고, 희미한 꽃들의 고요에 잠겨 꿈꾸며,
쪽빛 꽃부리에 미끄러지는 하얀 흐느낌을
잦아드는 비올라에서 끌어내고 있었다.
―그것은 그대의 첫 입맞춤으로 축복받은 날이었다.
나를 괴롭히기 좋아하는 몽상은
슬픔의 향기에 슬기롭게 취했었다,
후회와 환멸조차 없어도
꿈을 꺾고 나면 그 꺾인 가슴에 슬픈 향기는 남는다.
그래서 나는 떠돈다, 낡은 포석에 눈을 고정한 채,
그때 머리에 햇빛을 이고, 거리에서,
저녁에, 웃으며 네가 나타났다,
빛의 모자를 쓰고
옛날 응석받이 아이의 내 고운 잠을 밟고 지나가며
언제나 가볍게 쥔 그 손에서
향기로운 별 하얀 다발이 눈처럼 내리던

그 요정을 보는 듯했다.

La lune s'attristait. Des séraphins en pleurs,

Rêvant, l'archet aux doigts, dans le calme des fleurs

Vaporeuses, tiraient de mourantes violes

De blancs sanglots glissant sur l'azur des corolles.

— C'était le jour béni de ton premier baiser.

Ma songerie aimant à me martyriser

S'enivrait savamment du parfum de tristesse

Que même sans regret et sans déboire laisse

La cueillaison d'un Rêve au cœur qui l'a cueilli.

J'errais donc, l'œil rivé sur le pavé vieilli,

Quand, avec du soleil aux cheveux, dans la rue

Et dans le soir, tu m'es en riant apparue,

Et j'ai cru voir la fée au chapeau de clarté

Qui jadis sur mes beaux sommeils d'enfant gâté

Passait, laissant toujours de ses mains mal fermées

Neiger de blancs bouquets d'étoiles parfumées.

그리고 거룩하기보다는 사랑스러운 시도 있다.

성녀SAINTE

옛날에 플루트나 만돌린과 함께
반짝이는 그녀의 비올라의
금박이 벗겨지는 낡은 백단목을
감추고 있는 유리창에

창백한 성녀가 있다,
옛날 저녁 기도와 끝기도에 맞춰
흘러넘치는 성모 찬가의
책장이 풀려 나가는 낡은 책을 펼쳐놓으며

섬세한 손가락뼈를 위해
천사가 저녁 비행으로
만들어 낸 하프에 스쳐
성광聖光의 창유리에

낡은 백단목도 없이, 낡은 책도 없이,
악기의 깃털 위로, 그녀가
손가락을 놀린다,
침묵의 악사.

A la fenêtre recélant

Le santal vieux qui se dédore

De sa viole étincelant

Jadis avec flûte ou mandore

Est la Sainte pâle, étalant

Le livre vieux qui se déplie

Du Magnificat ruisselant

Jadis selon vêpre et complie :

A ce vitrage d'ostensoir

Que frôle une harpe par l'Ange

Formée avec son vol du soir

Pour la délicate phalange

Du doigt, que, sans le vieux santal

Ni le vieux livre, elle balance

Sur le plumage instrumental,

Musicienne du silence.

세상에 전혀 알려지지 않았던 이 시들은 우리가 '말라르메 등장의 시대'라고 부르게 될 시기로 우리를 인도한다. 그 당시 매우 본질적인 색채와 음악성을 지닌, 그러나 너무나 적은 수의 작품들만이 『현대 파르나스파』 제1호와 제2호에 실렸는데, 여기에서 독자들은 감탄하며 그 시들을 쉽게 다시 만날 수 있다. '창Les Fenêtres', '종 치는 수사Le Sonneur', '가을Automne', 그리고 '에로디아드Hérodiade'의 꽤 긴 단편이 이 최고의 작품들 중에서도 가장 탁월한 것들로 보인다. 하지만 우리는 육필 원고만큼이나, 모호한 것과는 거리가 멀다고 할 수 있는 이미 출판된 텍스트를 인용하는 데 긴 시간을 들이지는 않을 것이다. 그 놀라운 코르비에르의 현기증 나는 책 『노란 사랑』이 세상에 나오면서 겪은 고난은, 그가 받아 마땅했던 '저주'로 말미암은 것이었겠지만, 랭보와 말라르메의 시구들보다 더 장렬하지는 않았다. 대신 우리는 우리가 보기에 앞서 언급한 과도기적 시기와 관련된 이 새롭고 귀중한 미발표작을 읽는 기쁨을 여러분에게 선사하고자 한다.

헌시 DON DU POÈME

당신에게 이 아기를 이뒤메*의 밤으로부터 데려왔다!

깜깜하게, 핏빛 어린 파리한 날개를 달고, 깃털이 빠진 채,

향유와 황금으로 태운 유리를 통해,

얼어붙은, 아아! 여전히 음울한 창유리를 통해,

새벽빛이 천사 같은 램프에 달려들었다.

종려나무들이여! 적의에 찬 미소를 시험하는 이 아버지에게

새벽빛이 이 성유물을 보여주었을 때,

푸르고 메마른 고독이 전율했다.

오 아기를 달래는 여자는 당신의 딸과 함께 그 천진함으로

당신의 차가운 발의 끔찍한 탄생을 맞이하라.

비올라와 클라브생을 생각나게 하는 당신의 목소리로,

여인이 무녀의 백색으로 흘러내리는

그 젖가슴을 순결한 창공의 대기에 배고픈 입술들을 위해

시들어 버린 손가락으로 누를 것인가?

Je t'apporte l'enfant d'une nuit d'Idumée !

Noire, à l'aile saignante et pâle, déplumée,

---

* 기원전 13세기경에 현 이스라엘 남쪽 지방 사해 주변과 현 요르단의 산악 지방에 살았다는 기록이 있으며 이후 기원전 6세기경부터 바빌로니아인에 의해 영토에서 밀려나 남부 유다 지역에서 산 고대 민족을 이른다. 『성경』「창세기」에서는 야곱의 형 에서의 후손을 가리킨다.

Par le verre brûlé d'aromates et d'or,

Par les carreaux glacés, hélas ! mornes encor,

L'aurore se jeta sur la lampe angélique,

Palmes ! et quand elle a montré cette relique

A ce père essayant un sourire ennemi,

La solitude bleue et stérile a frémi.

O la berceuse avec ta fille et l'innocence

De vos pieds froids, accueille une horrible naissance.

Et ta voix rappelant viole et clavecin,

Avec le doigt fané presseras-tu le sein

Par qui coule en blancheur sybilline la femme

Pour des lèvres que l'air du vierge azur affame ?

사실 이 목가는 그 시대 말기에 『르 쿠리에 뒤 디망슈Le Courrier du Dimanche』라는 매우 지루한 주간지에서 악의적으로 (그것도 아주 악의적으로!) 출판되었다. 하지만 이 심술궂은 역설적 광고가 무슨 의미가 있었겠는가? 모든 분별 있는 사람들에게 있어 난해한 기이함으로 비난받았던 '헌시'는 걸출한 시인이 영혼의 반쪽에게 바치는 숭고한 헌사로, 사랑하지 않으려 애를 쓰면서도 사랑할 수밖에 없는, 그리고 자기 자신으로부터일지라도 온전한 보호를 꿈꾸게 되는 그런 **끔찍한** 노력 가운데 하나에 관한 것이다!

『르 쿠리에 뒤 디망슈』는 자유주의적이고 개신교적인 공화주의 성향의 잡지였다. 하지만 어떤 모자를 쓴 공화주의자든, 어떤 화폐를 지지하는 왕정주의자든, 혹은 공적 생활의 어떤 것에도 무관심한 사람이든, 오 스텔로*여, 진정한 시인이란 지금도, 언제나, 그리고 영원히 이 모든 이해관계의 체제로부터 **저주받고** 있음을 보고, 느끼고, 알고 있음이 사실 아닌가?

시인의 눈썹은 대중을 향해 찌푸려지지만, 그의 눈은 확장되고 그의 마음은 닫히지 않은 채 굳어진다. 이렇게 그는 다음과 같이 자신의 결정적인 선택을 위한 전주곡을 연주하는 것이다.

이 밤 CETTE NUIT

어둠이 숙명적인 법칙으로 위협할 때
내 척추의 욕망이자 고통인, 그런 오랜 '꿈'은,
음울한 천장 아래에서 소멸될 것에 애통해 하며
의심할 수 없는 그 날개를 내 안에 구부러뜨려 놓았다.

사치여, 오 칠흑의 방이여, 왕을 사로잡으려 그곳에서
유명한 꽃 장식들이 죽음 속에서 몸을 비틀어도,

---

* 알프레드 드 비니 Alfred de Vigny(1797~1863)가 1832년에 발표한 시인과 사회와의 갈등을 다룬 소설 『스텔로 STELLO』의 주인공.

제 신념에 눈이 부신 고독한 이의 눈에
그대는 암흑이 거짓으로 말한 오만일 뿐.

그렇다, 나는 안다, 이 밤의 저 멀리에, 지구가
거대한 광채 띤 기이한 신비를 던지고 있다,
지구를 더 어둡게는 못하는 흉측한 세기들에게.

확장되든 부정되든 항상 그대로인 공간이
이 권태 속으로 비천한 불들을 굴려 증인 삼으니
축제의 별부터 천재가 불타올랐다.

Quand l'ombre menaça de la fatale loi
Tel vieux Rêve, désir et mal de mes vertèbres,
Affligé de périr sous les plafonds funèbres
Il a ployé son aile indubitable en moi.

Luxe, ô salle d'ébène où, pour séduire un roi,
Se tordent dans leur mort des guirlandes célèbres,
Vous n'êtes qu'un orgueil menti par les ténèbres
Aux yeux du solitaire ébloui de sa foi.

Oui, je sais qu'au lointain de cette nuit, la Terre

Jette d'un grand éclat l'insolite mystère,

Pour les siècles hideux qui l'obscurcissent moins.

L'espace à soi pareil qu'il s'accroisse ou se nie

Roule dans cet ennui des feux vils pour témoins

Que s'est d'un astre en fête allumé le génie.

소네트 '에드거 포의 무덤le Tombeau d'Edgar Poe'에 관해 말하자면, 너무 아름다워서 일종의 급작스러운 두려움으로만 경의를 표하는 게 부족하게만 느껴진다.

에드거 포의 무덤 LE TOMBEAU D'EDGAR POE

마침내 영원이 자신을 스스로 바꿔놓듯,

시인은 한 자루의 헐벗은 칼로 선동하니

이 낯선 목소리 속에서 죽음이 승리했음을

알지 못해 경악하는 자신의 세기世紀를!

그들은, 히드라의 비열한 소스라침처럼 오래전 종족의

말에 너무나 순수한 의미를 주는 천사의 목소리를 들으며,

이 마법을 어떤 검은 혼합의 영광 없는 물결 속에서
마셨다고 소리 높여 주장했다.

대적하는 땅과 구름의, 오 원성이여!
만약 우리의 사상이 그것으로 얕은 부조를 새겨
포의 무덤을 눈부시게 장식할 수 없기에,

어느 난데없는 재난으로부터 이 세상에 떨어진 조용한 돌덩이,
적어도 화강암이라도 두고두고 제 경계를 보여 주어야 하리
미래에 흩어져 있는 저 모독의 검은 비행飛行들에게.

Tel qu'en Lui-même enfin l'éternité le change,

Le Poète suscite avec un glaive nu

Son siècle épouvanté de n'avoir pas connu

Que la mort triomphait dans cette voix étrange !

Eux, comme un vil sursaut d'hydre oyant jadis l'Ange

Donner un sens trop pur aux mots de la tribu,

Proclamèrent très haut le sortilège bu

Dans le flot sans honneur de quelque noir mélange.

Du sol et de la nue hostiles, ô grief !

Si notre idée avec ne sculpte un bas-relief
Dont la tombe de Poe éblouissante s'orne,

Calme bloc ici-bas chu d'un désastre obscur,
Que ce granit du moins montre à jamais sa borne
Aux noirs vols du Blasphème épars dans le futur.

   우리로선 이 소네트로 끝맺어야 하지 않을까? 이 시가 우리 제목의 불가피한 추상성을 구체화해 주지 않는가? 이 무시무시한 주제에 관해 해야 할 유일한 말은, 비록 우리도 저주받은 그들과 함께 **저주받을** 위험이 있을지라도, 오 영광이여, 비석에 새긴 듯 간결하다기보다는 예언자의 말처럼 신비로운 말로 표현된 게 아닐까?

   그리고 실제로 우리는 본질적 측면에서, 그리고 이 특정한 경우에 있어서 가장 적절하다 할 수 있는 이 마지막 인용에 머무를 것이다.

   우리는 알고 있다, 우리에게 남은 것은 말라르메와 그의 작품에 관해 시작된 연구를 완성하는 일임을! 이 과제를 할 시간이 아무리 짧다 해도, 그 얼마나 즐거운 일이 될 것인가!

   (그것을 알 자격이 있는) 모든 사람들은 말라르메가 화려한 판본으로 『목신의 오후 l'Après-midi d'un Faune』를 출판했다는 사실을 알고 있다. 이는 흡사 『비너스와 아도니스 Venus and Adonis』의 셰익스피어

가 테오크리토스*의 가장 열정적인 목가에 불을 지른 듯한 뜨거운 환상이다. 또한 '테오필 고티에에게 바치는 장송의 건배Toast funèbre à Théophile Gautier'도 발표했는데, 이는 훌륭한 장인을 위한 매우 고귀한 애도 시이다. 이 시들은 이미 출판되어 있으므로, 여기서 그것들을 인용할 필요는 없어 보인다. 불필요하고 불경스러운 일이다. 이는 그 모든 것을 파괴하는 일이 될 것이다, 완성된 말라르메는 그만큼 하나의 온전한 작품이기 때문이다. 아름다운 여인의 가슴을 잘라내는 것과 같은 범죄 아니겠는가!

(앞서 언급된) 모든 사람도 마찬가지로 말라르메의 훌륭한 언어학적 연구들, 그의 『그리스의 신들Dieux de la Grèce』, 그리고 특히 에드거 앨런 포의 작품들에 대한 놀라운 번역을 알고 있다.

말라르메는 책 하나를 집필 중인데, 그 깊이가 사람들을 놀라게 할 것이며, 그에 못지않은 찬란함 역시 오로지 맹인들을 제외한 모든 이들을 눈부시게 할 것이다. 하지만 친애하는 친구여, 도대체 그때는 언제인가?

여기서 멈추자. 찬사는, 마치 홍수처럼, 어떤 정상에서 멈추기 마련이다.

---

* 테오크리토스Θεόκριτος(B.C. 4세기경~B.C. 260년경). 목가적인 시들의 창시자로 여겨지는 고대 그리스의 시인으로 아도니스 축제를 다룬 작품이 유명하다.

4
마르슬린 데보르드 발모르
MARCELINE DESBORDES-VALMORE

정말 놀라운 생트뵈브*의 매우 완벽한 글과, 감히 말하자면 어쩌면 다소 짧은 보들레르의 또 다른 글에도 불구하고, 그리고 심지어 루이즈 콜레**, 아마블 타스튀***, 아나이스 세갈라스****와 그 외 대단치 않은 여류 작가들(우리는 로이자 퓌제*****를 잊고 있었는데, 그녀는 그런 스타일을 좋아하는 사람들에게는 재미있는 작가라고 여겨졌다)과 완전히 동일시하지는 않는 나름의 호의적인 여론이 있었음에도 불구하고, 마르슬린 데보르드 발모르는 표면적인 듯하나 절대적인 모호함으로 인해 우리의 **저주받은 시인들** 가운데 한 명으로 꼽힐 자격이 있으며, 따라서 우리에게는 그녀에 대해 가능한 한 길고 상세하게 이야기해야 할 절대적인 의무가 있다.

예전에 바르베 도르비이 선생은 그녀를 작가들의 대열에서 끄집어내어, 자신의 별난 능력으로, 그녀의 기상천외함과 여성적이긴 하지만 진정한 역량에 특별히 주목하기도 했다.

우리의 경우, 좋거나 아름다운 시구들에 대한 호기심이 많았음에도 불구하고 그녀의 것을 알지 못했고, 단지 대가들의 발언에만 만족하고 있었다. 바로 아르튀르 랭보가 우리를 알게 되어 그 안에 아름

---

* 샤를 오귀스탱 생트뵈브Charles Augustin Sainte-Beuve(1804~1869). 19세기 문예 비평가.

** 본명은 루이즈 레부알 드 세르반느Louise Révoil de Servannes(1810~1876). 시인이자 소설가였으며 플로베르의 연인으로도 유명했다.

*** 본명은 사빈 카시미르 아마블 보이아르Sabine Casimire Amable Voïart(1795~1885). 시인이자 문학평론가.

**** 본명은 안 캐롤라인 메나르Anne Caroline Menard(1811~1893). 시인, 극작가, 소설가이자 페미니즘 활동가.

***** 루이스 프랑수아즈 로이자 퓌제Louise Françoise "Loïsa" Puget(1810~1889). 작곡가이자 극작가.

다움이 섞여 있는 잡동사니라고 생각했던 **모든 것들**을 거의 강제로 읽게 하기 전까지 말이다.

우리는 매우 놀랐었는데, 그 놀라운 감정을 설명하는 데는 약간의 시간이 필요하다.

우선 마르슬린 데보르드 발모르는 남부가 아닌 날것의 북부 출신이었는데, 이는 사람들이 생각하는 것보다 더 미묘한 차이였다. 날것의 북부, 북부, 좋다(남부는 항상 익혀져 있어서 항상 더 낫지만, 그 더 나음이야말로 진정한 좋음의 적이 될 수 있다), ―그리고 이것이 역시 날것의 북부 출신인 우리를 기쁘게 했다―마침내!

더 나아가 충분한 언어와 흥미롭게만 드러날 정도의 노력으로 인해 학자풍의 허세는 전혀 없었다. 인용문들이 우리의 통찰력이라고 부를 만한 사실을 입증할 것이다.

그 인용문들을 기다리면서, 우리는 이 상당히 주목할 만한 작업에서 남부가 완전히 부재한다는 점으로 돌아가 볼까? 그녀는 얼마나 열렬히 자신의 에스파냐식 북부를 이해했던가(그런데 에스파냐에는 모든 영국적인 것보다도 더 차가운 냉정함, 거만함이 있지 않은가?), 그녀의 북부는

정열적인 에스파냐인들이 와서 앉았던 곳.
Où vinrent s'asseoir les ferventes Espagnes.

그렇다, 이 루아르강 너머에 있는 가장 논란의 여지가 없는 작품들 속에서는 통탄해야 할 과장도, **꾸며냄도**, 악의도 없다. 그럼에도 청춘의 로맨스들, 여인으로서 보냈던 시절의 추억들, 모성의 떨림들은 그 얼마나 뜨거운가! 또 부드럽고 진실되다, 모든 것이! 얼마나 놀라운 풍경인가, 풍경에 대한 사랑이 이 얼마나 대단한가! 그리고 그토록 정숙하고, 그토록 신중하며, 그럼에도 그토록 강하고 감동적인 열정이라니!

우리는 마르슬린 데보르드 발모르의 언어가 충분하다고 말했는데, 매우 충분하다고 말했어야 했다. 다만 우리는 너무나 순수주의자여서, 덧붙여 말하자면 너무나 현학적이며, 게다가 사람들이 우리를 데카당이라고 부르는데(여담이지만 이는 그림 같고, 매우 가을 같으며, 꽤 석양 같은, 결국은 주워 담아야 할 **모욕**이다), 문체의 순진한 면모, 천진한 요소들은 완벽을 추구하는 작가로서의 우리가 지닌 편견들과 때로 충돌할 수 있다. 우리가 풍부하게 제시할 인용문들을 통해 우리의 교정 작업에 대한 진실이 드러날 것이다.

하지만 우리가 언급했던 정숙하면서도 강한 열정, 우리가 그야말로 찬양했던 거의 과도할 정도의 감정은 과하지 않다! 첫 단락들을 너무나 꼼꼼하게 읽느라 고통스러울 정도였지만, 그 후 우리는 그녀에 대한 우리의 의견을 유지하게 되었다.

그리고 그 증거를 내가 찾았다.

여인의 편지 UNE LETTRE DE FEMME

여인들은, 나는 알고 있다, 글을 써서는 안 되지만,
    그래도 나는 쓴다
멀리서도 그대가 내 마음을 읽을 수 있도록,
    떠나갈 때처럼.

나는 이미 그대 안에 있는 것보다
    더 아름답지 않은 것은 아무것도 쓰지 않으리라,
하지만 사랑하는 이가 하는 누누이 말한 그 말도,
    새롭게 들린다.

그대를 행복으로 이끌기를! 나는, 기다리며 머무르리라,
    비록 저 멀리서,
그대의 발걸음이 방황하는 것을 보고 들으려
    떠나는 나를 느낄지라도.

제비 한 마리가 길을 지나가도
    돌아보지 말기를,
충실하게 지나가며 그대의 손을 스치는 이는
    바로 내가 될 테니.

그대는 떠나간다, 모든 것이 떠나간다! 모든 것이 여행을 떠난다,
        빛과 꽃들도,
아름다운 여름은 그대를 따라가고, 나는 폭풍 속에 남겨져,
        눈물로 무겁다.

하지만 만나지도 못하면서
        희망과 불안으로만 산다면,
더 나은 방법으로 나누자, 나는 눈물을 담고
        그대는 희망을 간직하라.

아니, 그대와 하나되어 따르기에, 나는 원치 않는다,
        그대가 고통받는 것을,
축복받은 반쪽에게 고통을 바라는 것은,
        자신을 미워하는 것.

Les femmes, je le sais, ne doivent pas écrire ;
        J'écris pourtant
Afin que dans mon cœur au loin tu puisses lire,
        Comme en partant.

Je ne tracerai rien qui ne soit dans toi-même
        Beaucoup plus beau,

Mais le mot cent fois dit, venant de ce qu'on aime,
    Semble nouveau.

Qu'il te porte au bonheur ! moi, je reste à l'attendre,
    Bien que, là-bas,
Je sens que je m'en vais pour voir et pour entendre
    Errer tes pas.

Ne te détourne pas s'il passe une hirondelle
    Par le chemin,
Car je crois que c'est moi qui passerai fidèle
    Toucher ta main.

Tu t'en vas : tout s'en va ! tout se met en voyage,
    Lumière et fleurs ;
Le bel été te suit, me laissant à l'orage,
    Lourde de pleurs.

Mais si l'on ne vit plus que d'espoir et d'alarmes
    Cessant de voir,
Partageons pour le mieux : moi je retiens les larmes
    Garde l'espoir.

Non, je ne voudrais pas, tant je te suis unie,

        Te voir souffrir :

Souhaiter la douleur à sa moitié bénie,

        C'est se haïr.

성스럽지 않은가? 하지만 기다려 보라.

동방의 날 JOUR D'ORIENT

어느 날이었다, 이 아름다운 날과 같은,
사랑이 모든 것을 잃기 위해 불태웠던 날.
그것은 신성한 자비의 날이었다
푸른 하늘 속에서 영원永遠이 걸어가는 날,
숨 막히는 무게에서 벗어나,
대지가 노닐고 다시 아이가 되는 날.
그것은, 어디서나, 어머니의 입맞춤 같았다,
덧없는 시간 속을 방황하는 긴 꿈,
새들, 향기, 태양의 시간,
모든 것을 잊은… 비할 데 없는 선함 말고는!

. . . .

어느 날이었다, 이 아름다운 날과 같은,

사랑이 모든 것을 잃기 위해 불태웠던 날.

Ce fut un jour, pareil à ce beau jour,

Que, pour tout perdre, incendiait l'amour.

C'était un jour de charité divine

Où dans l'air bleu l'éternité chemine,

Où, dérobée à son poids étouffant,

La terre joue et redevient enfant.

C'était, partout, comme un baiser de mère ;

Long rêve errant dans une heure éphémère,

Heure d'oiseaux, de parfums, de soleil,

D'oubli de tout... hors du bien sans pareil !

. . . .

Ce fut un jour, pareil à ce beau jour,

Que pour tout perdre incendiait l'amour.

이쯤에서 우리는 자제하고, 다른 종류의 인용문들을 남겨 두어야 하겠다.

그리고 더 엄숙한 숭고함을 검토하기 전에, 이 사랑스럽게 다정한 여인의 작품 한 부분에 대해 그렇게 말하는 것이 허락된다면, 문자 그대로 눈물을 흘리며, 펜으로 낭송하게 해 주길.

단념 RENONCEMENT

용서하소서, 주여, 제 슬픈 얼굴을…
하지만 기쁜 이마 아래 주께서 눈물을 놓아두셨으니
당신의 선물들 중에서, 주여, 이 선물만이 제게 남았습니다.

가장 덜 부러움을 받는 것, 아마 가장 좋은 것일지도 모릅니다.
이제 저는 꽃으로 된 제 끈들에 죽을 일이 없습니다.
그것들은 모두 당신께 돌아갔으니, 제 존재의 소중한 창조자여,
이제 저에게는 제 눈물의 소금만이 남았습니다…

꽃들은 아이를 위한 것, 소금은 여인을 위한 것
그것으로 순수를 만드시고 제 나날들을 적셔 주소서.
주여, 이 모든 소금이 제 영혼을 씻어 낼 때,
당신을 영원히 사랑할 심장을 돌려주실 것입니다.

이 땅에서 제 모든 경악은 끝났고,
모든 작별 인사를 마쳤으며, 영혼은 솟아날 준비가 됐습니다

수줍어하는 죽음만이 감히 따낼 수 있었던

신비로 보호된 그 열매들에 도달하기 위해.

오 구원자여! 적어도 다른 어머니들에게는 다정히 대해 주소서

우리의 어머니를 향한 사랑으로, 우리를 향한 연민으로.

그들의 자녀들을 우리의 쓰디쓴 눈물로 세례를 주시고

당신의 무릎 앞에 쓰러진 저의 자녀들을 일으켜 주소서.

Pardonnez-moi, Seigneur, mon visage attristé…

Mais, sous le front joyeux, vous aviez mis les larmes :

Et de vos dons, Seigneur, ce don seul m'est resté.

C'est le moins envié ; c'est le meilleur, peut-être.

Je n'ai plus à mourir à mes liens de fleurs.

Ils vous sont tous rendus, cher auteur de mon être,

Et je n'ai plus à moi que le sel de mes pleurs…

Les fleurs sont pour l'enfant, le sel est pour la femme :

Faites-en l'innocence et trempez-y mes jours.

Seigneur, quand tout ce sel aura lavé mon âme,

Vous me rendrez un cœur pour vous aimer toujours.

Tous mes étonnements sont finis sur la terre,

Tous mes adieux sont faits, l'âme est prête à jaillir

Pour atteindre à ses fruits protégés de mystère

Que la pudique mort a seule osé cueillir.

O Sauveur ! Soyez tendre au moins à d'autres mères

Par amour pour la nôtre et par pitié pour nous.

Baptisez leurs enfants de nos larmes amères

Et relevez les miens tombés à vos genoux.

이 슬픔은 '올랭피오의 슬픔 La Tristesse d'Olympio'과 '올랭피오에게 À Olympio*의 슬픔을 얼마나 능가하는가, 이 두 오만한 시들이 아무리 아름답다고 하더라도(특히 후자) 말이다! 하지만, 귀한 독자들이여, 용서하시라, 백 개의 예배당이 있는 교회의 다른 성소들의 문턱에서, 우리를 따라 마르슬린 데보르드 발모르의 작품을 여러분과 함께 노래하는 것을.

내 이름이 단지 부드럽고 헛된 그림자이기를,

결코 공포나 고통을 일으키지 않기를,

---

* 빅토르 위고가 각각 1837년, 1839년에 발표한 시들.

가난한 자가 나에게 말한 뒤 그것을 가져가
위로받은 그의 마음속에 오래도록 간직하기를!

Que mon nom ne soit rien qu'une ombre douce et vaine,
Qu'il ne cause jamais ni l'effroi ni la peine,
Qu'un indigent l'emporte après m'avoir parlé
Et le garde longtemps dans son cœur consolé !

독자들이여, 우리를 용서했는가?
그러면 이제 시인 마르슬린 데보르드 발모르였던 어머니, 딸, 소녀, 불안했지만 매우 진실되었던 기독교인으로 넘어가 보자.

우리는 시인의 모든 측면에 관해 얘기하려 노력하겠다고 말했다.

순서대로 진행하도록 하겠다, 가능한 한 많은 예시를 들 것이기 때문에 여러분은 만족스러우리라 확신한다. 그래서 여기 지나치게 긴 예시들이 있는데, 우선 1820년대의 낭만주의적 소녀와 파르니보다 더 나은 시인의 작품으로, 형식은 거의 다르지 않으면서도 독특하게 독창적이다.

불안 L'INQUIÉTUDE

무엇이 나를 불안케 하는가? 그리고 무엇이 나를 기다리는가?
도시에서는 슬프고 마을에서는 지루하며,
        내 나이의 즐거움들도
시간의 길이로부터 나를 구할 수 없다.
예전에는, 우정, 학업의 매력이
나의 평화로운 여가를 쉽게 채웠었다.
오! 그러면 내 모호한 욕망의 대상은 무엇인가?
나는 그걸 알지 못하고 불안하게 찾아다닌다.
만약 나에게 행복이 즐거움이 아니라면,
나는 더 이상 우울 속에서도 그걸 찾지 못한다,
하지만 내가 광기만큼이나 눈물을 두려워한다면,
        어디서 기쁨을 찾을 수 있을까?

Qu'est-ce donc qui me trouble ? Et qu'est-ce qui m'attend ?

Je suis triste à la ville et m'ennuie au village ;

          Les plaisir de mon âge

Ne peuvent me sauver de la longueur du temps.

Autrefois, l'amitié, les charmes de l'étude

Remplissaient sans effort mes paisibles loisirs.

Oh ! quel est donc l'objet de mes vagues désirs ?

Je l'ignore et le cherche avec inquiétude.

Si, pour moi, le bonheur n'était pas la gaîté,

Je ne le trouve plus dans la mélancolie ;

Mais si je crains les pleurs autant que la folie,

          Où trouver la félicité ?

. . . .

  이어서 그녀는 자신의 '이성'에게 말을 건네는데, 얼마나 상냥하게 그것에 기도하고 또 동시에 부정하는지! 그뿐만 아니라 우리로서는 이 코르네유*풍의 독백에 감탄하게 되는데, 이는 라신보다 더 부드러우면서도 전혀 다른 기교로 두 위대한 시인들의 문제처럼 위엄 있고 자부심이 넘친다.

---

* 피에르 코르네유Pierre Corneille(1606~1684). 극작가이며 몰리에르, 라신과 함께 프랑스의 3대 극작가로 평가된다.

    이렇게 빠르게 시를 살펴보는 과정에서 절대 무미건조하지 않고 항상 놀라운, 약간은 태를 부린 듯한 수많은 상냥한 표현들 가운데 여러분을 전문으로 이끌 수 있도록 매혹시키기 위해 특별히 선별한 몇몇 구절들을 감상하길 바란다.

. . . .

영혼과 슬픔이 가득한 너의 시선을 내게서 숨겨다오.
. . . .

. . . .

꽃 모자 아래서 즐거움을 닮았네
. . . .

. . . .

설명할 수 없는 마음, 너 자신에게도 수수께끼인…
. . . .

내 안위 속에서 너는 망상만을 보는구나.
. . . .

. . . . . . 너무나도 연약한 노예여, 들어라,
들어라, 내 이성이 너를 용서하고 사면하노라.
내 이성에게 적어도 눈물은 돌려다오! 너는 아마도 굴복하겠지?
아아 아니다! 영원히 아니다! 오 내 마음이여, 그럼 모두 가져가라!

Cache-moi ton regard plein d'âme et de tristesse.

. . . .

. . . .

On ressemble au plaisir sous un chapeau de fleurs

. . . .

. . . .

Inexplicable cœur, énigme pour toi-même...

. . . .

Dans ma sécurité tu ne vois qu'un délire.

. . . .

. . . . .   Trop faible esclave, écoute,
Écoute et ma raison te pardonne et t'absout.
Rends-lui du moins les pleurs ! Tu vas céder sans doute ?
Hélas non ! toujours non ! O mon cœur, prends donc tout !

    마지막 구절은 '잃어버린 기도la Prière perdue'의 일부로, 우리로 하여금 방금 지나치게 자주 반복했던 상냥함이라는 단어에 대한 용서를 구하게 만든다. 마르슬린 데보르드 발모르와 함께하면, 이 매혹적이면서도 스스로 매혹된 천재성이 여러분을 너무나 달콤하게 동요시켜서, 무엇을 말하거나 말하지 말아야 할지 알 수 없다!

    최고의 비가悲歌 시인들이 표현한 것만큼이나 잘 표현된 열정이 있다면, 그것이 바로 이것이다. 그렇지 않다고 한다면 우리는 더 이상 그것을 잘 이해하고자 하지 않는 것이라고 말할 수 있다.

 그리고 이 다정하면서도 고결한 여인의 그토록 순수한 우정과 순결한 사랑에 대해, 그녀의 작품을 전체적으로 읽어 보라고 권하는 것 외에 무슨 말을 충분히 할 수 있을까? 아주 짤막한 다음 두 시를 더 들어 보라.

두 가지 사랑 LES DEUX AMOURS

   부드럽다기보다는 장난스러운 사랑이었다,
   단번에 맥없이 그 사랑이 나의 마음을 스쳐갔다,
   유쾌한 거짓말처럼 가벼웠다.
. . . .
행복에 대해 말하지 않고 기쁨을 주었다.
. . . .
   나는 너의 눈 안에서 다른 사랑을 보았다.
. . . .
    자기 자신에 대한 온전한 망각
    사랑하기 위해 사랑해야 하는 필요성
사랑한다는 말로는 거의 표현할 수 없는 것
오직 너의 마음만이 그걸 품고 있고 내 마음은 그걸 감지한다.

나는 너의 격정을 통해, 나의 충실함을 통해 느낀다,

그것이 동시에 행복, 영원을 의미한다는 것을,

그 힘이 신성하다는 것을.

    C'était l'amour plus folâtre que tendre ;
    D'un trait sans force il effleura mon cœur ;
    Il fut léger comme un riant mensonge.
. . . .
Il offrit le plaisir sans parler de bonheur.
. . . .
    C'est dans tes yeux que je vis l'autre amour.
. . . .
   Cet entier oubli de soi-même
   Ce besoin d'aimer pour aimer
Et que le mot aimer semble à peine exprimer
Ton cœur seul le renferme et le mien le devine.
Je sens à tes transports, à ma fidélité,
Qu'il veut dire à la fois bonheur, éternité,
Et que sa puissance est divine.

두 가지 우정 LES DEUX AMITIÉS

두 가지 우정이 있다, 두 가지 사랑이 있듯.
   하나는 경솔함을 닮았다,
   항상 웃는 아이 같은 것.

Il est deux amitiés comme il est deux amours ;
   L'une ressemble à l'imprudence :
   C'est un enfant qui rit toujours.

 그리고 어린 소녀들 사이에 일어나는 우정의 모든 매력이 신성하게 묘사되고,

. . . .

그리고… 더 진중하고, 더 엄격한 다른 우정은,
천천히 자신을 내어 주고, 비밀스럽게 선택한다.
. . . .
그 우정은 상처 입을까 두려워 꽃들을 멀리한다.
. . . .
그 우정은 자신의 눈으로 보고 자신의 발자국을 따라 걷는다.

기다리기만 할 뿐 먼저 나서지 않는다.

Puis... L'autre amitié plus grave, plus austère,
Se donne avec lenteur, choisit avec mystère.
. . . .
Elle écarte les fleurs de peur de s'y blesser.
. . . .
Elle voit par ses yeux et marche sur ses pas.
                      Elle attend et ne prévient pas.

이렇듯 이미 진중한 어조가 나타나고 있다.

아아, 이 연구를 마무리하는 시점에서 우리는 왜 제한을 두어야만 하는가. 지역적인 경이로움과 정감 있는 경이로움이 얼마나 많이 있는데! 아라스Arras와 두에Douai의 풍경들은 또 어떠한가, 스카르프Scarpe 강가는 어떠한가! 얼마나 다정하고, 적당히 기이한가 (우리는 서로를 이해하고 여러분은 우리를 이해할 것이다) 이 젊은 알베르틴들Albertines, 이네스들Inès, 온딘들Ondines, 이 랄리 갈린Laly Galine,* 그리고 이 감미로운 "나의 아름다운 고향이여, 나의 신선한 요람이여, 나의 푸른 고장의 맑은 공기여, 축복받으소서, 우주의 달콤한 한 점이여mon beau pays, mon frais berceau, air pur de ma verte contrée, soyez béni, doux point de l'univers."

우리는 이 작은 책에 할당된 분량에 대해 냉정한 논리가 요구하는 정당한 (아니, 부당한) 한도 내에서, 진정으로 위대한 시인에 대한 미흡한 고찰을 마무리해야 한다. 하지만—오 정말로!—라마르틴이 등장하기 훨씬 전에 쓰인, 그리고 우리가 강조하건대, 순결하고 너무나 평화로운 파르니풍의, 이 감동을 주는 장르에서 더욱 뛰어난 이런 단편들을 단지 인용만 하려니 얼마나 안타까운지!

하느님, 정말 늦었습니다! 얼마나 놀라운지!
시간이 번개처럼 흘러갔습니다.
시계가 열두 번 울렸고

---

* 모두 마르슬린 데보르드 발모르의 시 제목이거나 내용에 등장하는 인물들의 이름.

난 아직도 당신 곁에 앉아 있습니다,
잠들 시간이 오리라 전혀 예감하지 못한 채,
난 아직도 태양 빛을 보고 있다 생각했습니다.
작은 숲속의 새들은 벌써 잠들었을까요?
   아! 잠들기엔 날씨가 너무 좋은걸요!
. . . .

조심해요, 잠든 우리 개를 깨우지 말아요,
   개가 친구를 알아보지 못하고
내 경솔함을 어머니께 일러바칠 테니까.
. . . .

이성의 소리를 들어요, 가세요, 내 손을 놓아요,
   자정이에요…

  Dieu, qu'il est tard ! quelle surprise !

  Le temps a fui comme un éclair.

  Douze fois l'heure a frappé l'air

 Et près de toi je suis encore assise,

Et loin de pressentir le moment du sommeil,

Je croyais voir encore un rayon de soleil.

Se peut-il que déjà l'oiseau dorme au bocage ?

  Ah ! pour dormir il fait si beau !

. . . .

Garde-toi d'éveiller notre chien endormi ;

   Il méconnaîtrait son ami

Et de mon imprudence il instruirait ma mère.

. . . .

Écoute la raison : va-t-en, laisse ma main ;

   Il est minuit...

 그녀가 아직도 보고 있다고 믿었던 그 태양 빛 이후에 등장하는 "내 손을 놓아요"라는 말이 얼마나 순수한지, "자정이에요"라는 말이 얼마나 사랑스러운지!

 한숨지으며! 이 소녀를 내버려 두자. 우리가 앞서 잠시 살펴보았던 그 여인은 얼마나 대단한 여인이었던가! 친구로서, 오 얼마나 훌륭한 친구였던가! 지라르댕 부인*의 죽음을 이야기하는 그 시구들은!

죽음이 방금 세상에서 가장 아름다운 눈을 감기게 했다.

La mort vient de fermer les plus beaux yeux du monde.

---

* 델핀 드 지라르댕Delphine de Girardin(1804~1855). 당시 프랑스 사회에 강력한 영향력을 발휘한 저널리스트 에밀 드 지라르댕Émile de Girardin의 아내이자 작가.

어머니여!

내 아들을 꾸짖고 나면, 나는 숨어서 운다.

Quand j'ai grondé mon fils, je me cache et je pleure.

그리고 아들이 학교에 갈 때는, 얼마나 끔찍한 비명이 나올까?

내 아이의 순수함이여, 그들이 당신을 얼마나 망가뜨리게 될지

Candeur de mon enfant, comme on va vous détruire

마르슬린 데보르드 발모르에 대해 가장 잘 알려진 것은 신랄한 라퐁텐*과 재치 있는 플로리앙** 이후, 그녀만의 사랑스러운 우화들이다.

아주 작은 아이가 학교에 가고 있었다.

---

* 장 드 라 퐁텐Jean de La Fontaine(1621~1695). 시인이자 프랑스에서 가장 널리 읽히는 우화 작가로 시문으로 된 풍자적인 우화를 즐겨 썼다.

** 장 피에르 클라리스 드 플로리앙Jean-Pierre Claris de Florian(1755~1794). 프랑스의 극작가, 시인, 소설가이며 생전에 100권의 우화집을 출판한 우화 작가로 유명하다.

"가라!"고 말했기에, 아이는 순종하려 애썼다.

Un tout petit enfant s'en allait à l'école ;
On avait dit : allez ! il tâchait d'obéir.
. . . .

그리고 '작은 겁쟁이'와 '작은 거짓말쟁이!'를, 오! 우리가 간청하건대, 이 모든 다정한 이야기들을, 전혀 무미건조하지도, 꾸며 내지도 않은 이 이야기들을 기록해 두길.

내 아이가 나를 사랑한다면,
Si mon enfant m'aime,

다음은 '잠자는 여인'이 노래하는 것으로, 여기서는 '아이를 재우는 여인'이라고 하는 것이 훨씬 더 적절할 것이다!

하느님께서 직접 말씀하시리라
나는 이 잠든 아이를 사랑하노라.

황금빛 꿈을 그에게 보내노라.

Dieu dira lui-même :
J'aime cet enfant qui dort.
Qu'on lui porte un rêve d'or.

 이제 마르슬린 데보르드 발모르가 당대의 시인들 가운데 최초로 매우 성공적으로 이례적인 운율, 11개의 운각을 자신도 충분히 인식하지 못한 채 사용했는데, 매우 예술적이었고 오히려 더 훌륭한 결과를 낳았음을 확인했으니, 우리의 찬사를 다음과 같은 시를 인용함으로써 정리해 보고자 한다.

흐느낌 LES SANGLOTS

아! 지옥은 이곳이다! 다른 지옥은 나를 덜 두렵게 한다.
그러나 연옥이 내 마음을 괴롭힌다.

나는 이 불길한 이름에 대해 너무 많이 들어서, 그것은
이렇게나 연약한 마음에 뱀처럼 누비며 머무른다.

나날의 물결이 나를 꽃잎 하나하나 흐트러뜨릴 때,
내 창백함의 깊은 곳에서 연옥을 본다.

만약 그들이 말한 대로라면, 바로 그곳에서 소멸되어야 하리,
오 모든 생명의 신이여! 당신께 다가가기 전에

그곳으로 내려가야만 한다, 달빛도 햇빛도 없이,
두려움의 무게와 사랑의 십자가 아래,

죄지은 영혼들의 신음을 들으면서도
'가라! 너희들은 용서받았다!'라고 말할 수도 없이

그들을 말려 버릴 수도 없이, 오 고통 중의 고통이여!
흐느낌과 눈물이 곳곳에 스며듦을 느끼며,

맑은 눈동자로 빛을 비추는 새벽도 없는
독방의 밤 속에서 부딪히며,

알아보지 못하는 구원자에게 어디서 외쳐야 할지도 모르고
"아아! 나의 다정한 구원자여, 당신은 오시지 않았습니까?"

아! 두려움을 느낄까, 추위를 느낄까 두려워, 나는 숨는다

누군가 붙잡을까 떨고 있는 떨어진 새처럼.

나는 슬프게 추억을 향해 팔을 다시 벌린다…
하지만 이것이 연옥이고 다가오고 있음을 나는 느낀다.

죽고 난 후 내가 그곳으로 이끌려 가는 것을 꿈꾼다,
하루 끝 잘못을 저지른 노예처럼,

창백하고 시든 이마를 두 손 아래 가린 채
대지에 멍든 자신의 마음을 밟으며 걸어간다.

그곳에서 나는 내 자신을 마주하러 가지만
내가 사랑하는 그 무엇도 바랄 수 없다.

그러므로 마음속에 매력적인 것이라곤
그들의 생생한 행복의 아득한 메아리뿐.

    하늘이시여! 달려갈 발도 없이
    나는 어디로 가야 합니까?
    하늘이시여! 문을 열 열쇠도 없이
    나는 어디를 두드려야 합니까?

영원한 판결 아래 나의 기도는 거절당하고
태양은 끝내 내 눈꺼풀에 닿지 않으리니

고통스러운 내 시선을 어디서나 떨구게 만드는
세상과 끔찍한 광경들로부터 닦아주지도 못하리.

더는 태양이 없다! 왜일까? 이 사랑스러운 빛은
이 땅의 악인들에게도 비추어지는데

처형대로 끌려가는 가련한 죄인에게도
부드러운 "내게로 오라viens à moi"*처럼 햇빛 쏟아지고 빛나는데.

어디에도 불은 없다! 허공에는 새들도 없다!
지나가는 바람결에 들리는 성모송도 없다!

마른 호숫가에는 흔들리는 갈대 한 줄기도 없다!
살아 있는 미립자 하나 떠받칠 공기도 없다!

모든 배은망덕한 자가 입술로 느끼는 그 열매들은
더 이상 내 열병 속에 생기를 흘려보내지 않을 것이라

---

* 프랑스어 『성경』 「마태복음」 11장 28절의 "내게로 오라venez à moi"의 시적 차용으로 추정. 『성경』에서는 오라는 대상이 복수형인 반면 여기에선 단수형을 쓰고 있다.

부재하는 내 마음으로부터 나를 짓누를

흘릴 수조차 없는 눈물을 모으리라.

     하늘이시여! 달려갈 발도 없이

     나는 어디로 가야 합니까?

     하늘이시여! 문을 열 열쇠도 없이

     나는 어디를 두드려야 합니까?

너무나 생생해서 영원히 그 매력으로 살 수 있었던,

눈물로 나를 가득 채우는 그 추억들도 더는 없다

저녁이면, 문지방에 앉아

할아버지 앞에서 노래하며 잠을 축복하던 가족도 더는 없다

무無조차도 감동하게 만들었을

저항할 수 없는 우아함을 지닌 사랑스러운 목소리도 더는 없다

하늘에서 꽃잎처럼 흩날리던 성스러운 책들이 더는 없다

내 눈으로 모든 감각이 듣던 연주도 더는 없다

이렇게 더는 감히 살 수도 없으면서 죽을 용기도 없고

죽음 속에서 해방시켜 줄 친구를 찾을 수도 없다!

오 부모님들이여, 하늘이 나무와 관목을 저주했다면
우리의 요람 위에 꽃들을 둔 이유는 무엇입니까?

   하늘이시여! 달려갈 발도 없이
   나는 어디로 가야 합니까?
   하늘이시여! 문을 열 열쇠도 없이
   나는 어디를 두드려야 합니까?

엎드린 영혼을 향해 기울어진 십자가 아래
태어났다는 불행 때문에 죽고 나서도 벌 받으며!

하지만 뭐! 소멸되어 가는 이 죽음 속에서
멀리서 들려오는 어떤 외침이 희망을 가지라고 한다면,

이 꺼져 버린 하늘에서 어떤 창백한 별이
나의 우울에 희미한 빛을 보낸다면?

그림자와 절망으로 덮인 이 아치 아래서
걱정 어린 눈동자들이 나를 보기 위해 불을 밝힌다면?

오! 그것은 충분히 벌 받은 딸을 부르러 내려오시는
대담하고 축복받은 나의 어머니일 것이다.

그렇다! 그것은 하느님을 감동시킨 나의 어머니가
이 끔찍한 곳에서 나를 구하러 오셔서,

바람 속에서 젊은 희망의
고통에 물린 떨어진 열매를 일으켜 세울 것이다.

나는 그 너무나도 아름답고, 부드럽고, 강한 팔이,
힘찬 노력으로 나를 안아 들어 올림을 느낄 것이고

나는 새로 돋는 날개에 자유로운 제비들을
솟아오르게 하는 맑은 공기의 흐름을 느낄 것이다,

그리고 다시는 돌아오지 않으려
살아 있는 나를 미래로 데려가실 어머니!

하지만 이 죽음의 들판을 떠나기 전에
우리는 함께할 영혼들을 부르러 가고,

내가 그렇게나 많은 꽃을 심어 둔 침울한 들판 끝에서,

내 눈물에서 태어난 향기 속에서 뛰놀 것이다.

그리고 우리는 이 애처로운 영혼들에게
"함께 가지 않으실래요?"라 외칠 목소리와 열정과 불꽃을 가지
리라.

"우리가 눈물 흘리지 않고, 죽지 않고 사랑할 수 있는,
모든 것을 다시 피어나게 하는 여름으로 오지 않으시겠어요?

오세요, 하느님을 보러 오세요! 우리는 그분의 비둘기들입니다.
수의를 벗으세요, 하늘에는 더 이상 무덤이 없답니다,

영원한 사랑으로 무덤은 깨어졌고,
나의 어머니가 영원한 거처에서 우리를 탄생시키십니다!"

Ah ! l'enfer est ici ! l'autre me fait moins peur.
Pourtant le purgatoire inquiète mon cœur.

On m'en a trop parlé pour que ce nom funeste
Sur un si faible cœur ne serpente et ne reste.

Et quand le flot des jours me défait fleur à fleur,

Je vois le purgatoire au fond de ma pâleur.

S'ils ont dit vrai, c'est là qu'il faut aller s'éteindre,
O Dieu de toute vie ! avant de vous atteindre.

C'est là qu'il faut descendre, et sans lune et sans jour,
Sous le poids de la crainte et la croix de l'amour ;

Pour entendre gémir les âmes condamnées
Sans pouvoir dire : allez ! vous êtes pardonnées ;

Sans pouvoir les tarir, ô douleur des douleurs !
Sentir filtrer partout les sanglots et les pleurs ;

Se heurter dans la nuit des cages cellulaires
Que nulle aube ne teint de ses prunelles claires ;

Ne savoir où crier au Sauveur méconnu :
« Hélas ! mon doux Sauveur, n'êtes-vous pas venu ? »

Ah ! j'ai peur d'avoir peur, d'avoir froid, je me cache
Comme un oiseau tombé qui tremble qu'on l'attache.

Je rouvre tristement mes bras au souvenir...

Mais c'est le purgatoire et je le sens venir.

C'est là que je me rêve après la mort menée

Comme une esclave en faute au bout de sa journée,

Cachant sous ses deux mains son front pâle et flétri

Et marchant sur son cœur par la terre meurtri.

C'est là que je m'en vais au-devant de moi-même

N'osant y souhaiter rien de tout ce que j'aime.

Je n'aurais donc plus rien de charmant dans le cœur

Que le lointain écho de leur vivant bonheur.

    Ciel ! où m'en irai-je

    Sans pieds pour courir ?

    Ciel ! où frapperai-je

    Sans clé pour ouvrir ?

Sous l'arrêt éternel repoussant ma prière

Jamais plus le soleil n'atteindra ma paupière

Pour l'essuyer du monde et des tableaux affreux

Qui font baisser partout mes regards douloureux.

Plus de soleil ! Pourquoi ? Cette lumière aimée

Aux méchants de la terre est pourtant allumée ;

Sur un pauvre coupable à l'échafaud conduit

Comme un doux « viens à moi » l'orbe s'épanche et luit.

Plus de feu nulle part ! Plus d'oiseaux dans l'espace !

Plus d'Ave Maria dans la brise qui passe !

Au bord des lacs taris plus un roseau mouvant !

Plus d'air pour soutenir un atome vivant !

Ces fruits que tout ingrat sent fondre sous sa lèvre

Ne feront plus couler leurs fraîcheurs dans ma fièvre ;

Et de mon cœur absent qui viendra m'oppresser

J'amasserai les pleurs sans pouvoir les verser.

Ciel ! où m'en irai-je

Sans pieds pour courir ?

Ciel ! où frapperai-je

Sans clé pour ouvrir ?

Plus de ces souvenirs qui m'emplissent de larmes,

Si vivants que toujours je vivrais de leurs charmes ;

Plus de famille, au soir, assise sur le seuil

Pour bénir son sommeil chantant devant l'aïeul ;

Plus de timbre adoré dont la grâce invincible

Eût forcé le néant à devenir sensible ;

Plus de livres divins comme effeuillés des cieux

Concerts que tous mes sens écoutaient par mes yeux

Ainsi n'oser mourir quand on n'ose plus vivre

Ni chercher dans la mort un ami qui délivre !

Ô parents, pourquoi donc vos fleurs sur nos berceaux

Si le ciel a maudit l'arbre et les arbrisseaux ?

    Ciel ! où m'en irai-je

    Sans pieds pour courir ?

    Ciel ! où frapperai-je

    Sans clé pour ouvrir ?

Sous la croix qui s'incline à l'âme prosternée
Punie après la mort du malheur d'être née !

Mais quoi ! dans cette mort qui se sent expirer
Si quelque cri lointain me disait d'espérer,

Si dans ce ciel éteint quelque étoile pâlie
Envoyait sa lueur à ma mélancolie ?

Sous ces arceaux tendus d'ombre et de désespoir
Si des yeux inquiets s'allumaient pour me voir ?

Oh ! ce serait ma mère intrépide et bénie
Descendant réclamer sa fille assez punie.

Oui ! ce serait ma mère ayant attendri Dieu

Qui viendra me sauver de cet horrible lieu,

Et relever au vent de la jeune espérance

Son dernier fruit tombé mordu par la souffrance.

Je sentirai ses bras si beaux, si doux, si forts,

M'étreindre et m'enlever dans ses puissants efforts ;

Je sentirai couler dans mes naissantes ailes

L'air pur qui fait monter les libres hirondelles,

Et ma mère en fuyant pour ne plus revenir

M'emportera vivante à travers l'avenir !

Mais avant de quitter les mortelles campagnes

Nous irons appeler des âmes pour compagnes,

Au bout du champ funèbre où j'ai mis tant de fleurs,

Nous ébattre aux parfums qui sont nés de mes pleurs.

Et nous aurons des voix, des transports et des flammes

Pour crier : Venez-vous ? à ces dolentes âmes.

« Venez-vous vers l'été qui fait tout refleurir,
 Où nous allons aimer sans pleurer, sans mourir ?

« Venez, venez voir Dieu ! nous sommes ses colombes.
Jetez-là vos linceuls, les cieux n'ont plus de tombes,

« Le Sépulcre est rompu par l'éternel amour,
Ma mère nous enfante à l'éternel séjour ! »

 여기서 펜이 우리 손에서 떨어지고 달콤한 눈물이 우리의 악필을 적신다. 우리에게는 이토록 천사 같은 존재를 더는 분석할 능력이 없음을 느낀다!
 그리고, 이것이 우리의 보잘것없는 직업이니, 현학적으로 말해 보자면, 우리는 크고 명확한 목소리로 다음과 같이 선언한다. 마르슬린 데보르드 발모르는 정말로—그녀는 조르주 상드와는 전혀 다르게, 강인하고, 매력적인 관대함이 없지 않았으며, 탁월한 판단력을 지녔고, 형제 같은, 말하자면 남성적인 태도를 지녔다—이 세기와 모든 세기를 통틀어서 아마도 사포, 성녀 테레사와 더불어 유일하게 천재적이고 재능 있는 여성이다.

5
빌리에 드 릴라당
VILLIERS DE L'ISLE-ADAM

"우리는 오로지 온 세상을 위해서만 글을 써야 한다…"

"게다가 정의가 우리에게 무슨 필요가 있는가? 태어날 때부터 자신의 가슴속에 자신만의 영광을 품고 있지 않은 사람은 절대 이 말의 의미를 알지 못할 것이다."

『반항La Révolte』(1870)』의 서문에서 발췌한 이 발언들은 빌리에 드 릴라당이라는 사람과 그의 작품 전체를 보여 준다.

정당화된 거대한 자부심.

파리의 명사들, 문학과 예술의 파리, 특히 심야의 파리, 은밀한 가스등이 비추는 가운데 느끼는 즐거움보다는 아름다운 토론에 더 오랜 시간을 보내는 진정한 심야의 파리는 이 천재를 알고 있다. 사랑하지는 않더라도, 그에게 찬사를 보내며, 어쩌면 그를 찬양해야 하기에 충분히 사랑하지 않는 것일지도 모른다.

희끗희끗해진 긴 머리카락, 마치 눈을 더욱 광활하고 몽환적으로 보이게 하려는 듯한 넓적한 얼굴, 왕족의 콧수염, 자주 반복하는 제스처는, 아름답지 않다고 말할 수 없지만, 때로는 예사롭지 않다. 갑작스럽게 웃음이 터져 나왔다가 흔들리며 세상에서 가장 아름다운 어조로 바뀌는 불안정한 대화, 느리고 차분한 저음이 나왔다가 갑자기 감동적인 중저음으로 변한다. 그리고 언제나 극도의 불안을 자아내는 그의 재치는 얼마나 대단한지! 이따금 모순들 사이로 공포가 스쳐 지나가는데, 이는 마치 달변가도 공유하는 듯한 공포다. 그러다가 미친 듯한 웃음이 달변가와 청중을 뒤틀어 놓는데, 그만큼 매우 독창적인 재치와 희극적인 힘이 폭발하기 때문이다. 마땅히 있어야 할 모든 의견과 생각을 필연적으로 불러일으키는 모든 것들이 이 마법 같은 흐름 속에서 지나간다. 그런 다음 빌리에는 떠나가고, 마치 불꽃놀이, 화재, 일련의 번개, 그리고 태양의 기억이 동시에 눈 속에서 살아 있는 듯한 어두운 분위기를 남긴다!

그의 작품은 작가보다 더 잘 이해하거나 설명하기 어려운데, 작가는 자주 만날 수 있지만, 작품은 희귀하기 때문이다. 거의 찾아낼 수 없다고 말해야 할 텐데, 고상한 태만함 때문에, 그리고 이에 못지않게 풍문에 대한 경멸 때문에, 이 귀족 시인은 오직 영광만을 위해 평범한 출판을 등한시했기 때문이다.

그는 어린 시절부터 훌륭한 시를 짓기 시작했다. 무조건 그것들을 찾아보라! 그리고 『모르간Morgane』, 『엘렌Elën』을 찾아보라, 이 작품들은 가장 위대한 극작가들 가운데에서도 보기 드물게 나온 희곡들이다. 또 『클레르 르누아르Claire Lenoir』를 찾아보라, 이 시대의 유일무이한 소설이다! 그리고 『악셀Axel』, 『미래의 이브Ève future』의 후속편과 결말도 찾아보라, 수년간 중단되었다가 성당이나 혁명처럼 끊임없이 다시 시작되어 그것들만큼이나 고귀한 순수한 걸작 중의 걸작들이다.

다행히도, 빌리에는 조만간 자신의 전집을 6권으로 나누어 출간하겠다고 우리에게 약속했다. 얼마나 대단한 책들일지!*

---

* 『미래의 이브』, 『지고의 사랑L'Amour suprême』은 출간되었고 『악셀』, 『보노메

비록 빌리에는 이미 '매우 위대한' 사람이고, 그의 이름이 후세에 끝없이 가장 깊은 울림을 주도록 운명지어져 있지만, 그럼에도 우리는 그를 저주받은 시인들 중 한 명으로 분류한다. 그의 발아래에 있어야 할 이 시대에 그가 충분히 명예롭지 않기 때문이다.

자, 우리와 훌륭한 정신을 가진 이들에게도 그렇듯, 아카데미 프랑세즈는—르콩트 드 릴*에게 그 유명한 위고의 자리를 내어 주었는데, 솔직히 말해 위고는 어쨌든 위대한 시인이었다고 볼 수 있겠다—좋은 점과 더 나은 점을 가지고 있는데, 퐁 데 자르Pont des Arts 너머의 아카데미 프랑세즈 회원들이, 마침내! 네포뮈센 르메르시에**가 우리가 더 이상 누구인지 알지 못하는 사람을 대체했던 것처럼, 상당한 시인이 나타난 이후에 등장한 위대한 시인이 또 다른 위대한 시인으로 대체되는 전통을 수립했으니, 우리가 매우 멀리 있길 바라는 그의 죽음 이후에 '고전적'이고 '야만적인' 시인을 대체할 수 있는 사람에는 누가 있겠는가, 그토록 많은 공작들을 위한 그의 대단한 귀족 칭호와, 특히 이 매력적인 동료이자 불편한 점 없는 완벽한 세상의 사람인 빌리에 드 릴라당 백작, 요컨대 엄청난 재능과 전설적인 천재성이 추천하는 빌리에 드 릴라당 백작 외에 누가 있겠는가?

이제 인용해 보자, 제대로 인용해 보자, 그러니까 『반항』에 나오는 '침묵의 장면'을 말이다.

재판소Tribulat Bonhomet』(『클레르 르누아르』의 새로운 제목)는 최근에 재판되었다. 신성한 책, 장엄한 책들이다!(원)
* Leconte de l'Isle(1818~1894). 파르나스파 운동에서 주도적인 역할을 한 시인.
** Népomucène Lemercier(1771~1840). 프랑스 시인이자 극작가.

문 위의 시계가 새벽 1시를 알리는 어두운 음악을 울린다. 그러고 나서, 꽤 긴 침묵을 사이에 두고, 2시, 그다음 2시 반, 그다음 3시, 그다음에는 3시 반 그리고 마침내 4시를 알린다. 펠릭스는 계속해서 기절해 있다. 창문을 통해 새벽빛이 들어오고, 촛불들이 꺼져간다. 촛대 받침 하나가 저절로 부서지고, 벽난로의 불빛이 희미해진다.

안쪽 문이 거세게 다시 열린다. 엘리자베스 부인이 떨며 끔찍하게 창백한 얼굴로 들어온다. 그녀는 손수건을 입에 대고 있고, 남편을 보지 않은 채 천천히 벽난로 옆의 커다란 안락의자를 향해 걸어간다. 그녀는 모자를 던지고, 이마를 손으로 짚은 채, 눈은 멍하니 바라보며, 의자에 앉아 낮은 목소리로 몽상에 빠지기 시작한다. —그녀는 춥다, 그녀의 이가 딱딱 부딪치며 떨고 있다.

다음은 『신세계 Nouveau Monde』의 3막 10장이다. 여기서는 미국의 영국 소작인들이 지닌 재정적 불만들을 매우 재치 있고 설득력 있게 제시한 후, **모두가 말하는 장면**tout le monde parle ensemble이라는 문구와 함께 중괄호로 표시된 것처럼, 모든 사람이 동시에 말한다. —여기에 우리 책 본문의 분량에 맞게 압축된 텍스트를 제시한다.

에피, 노엘라, 모드가 「시편」을 부르기 시작한다.

"바빌론 강가에 앉아……"

장교가 나무 의자 위에 서 있는 톰 버넷의 뒤에서 「시편」 소리를 압도하며 요란한 말투로.

늦었습니다, 톰 경! 오늘은 세금을 징수하는 날입니다! 확실히 늦었어요. 당신은 독일 탐험가들과 여러 계약들을 맺었었습니다. 비용이 163탈레르인데 그들은 이를 달러라고 말하더군요…

(나뭇잎 사이로 들리는 새들의 노랫소리.)

에피, 모드, 노엘라, 더 큰 소리로.

"우리는 앉아서 울었도다…"

장교가 톰 버넷의 귀에 대고 소리치며.

…그리고 필라델피아 상인들과도! 꽤 많은 세금을 징수해야 합니다. 사업 운영에 관해서는, 여기 명세서가 있습니다…

체로키 인디언이 배럴통 위에 앉아 있다.

포도주를 마시다니! 참 좋다! 꽃 피는 단풍나무 시럽 같구나!

퀘이커교도 에디가 큰 소리로 읽는다.

새들이 낮잠에서 깨어난다. 새들은 찬가를 다시 시작하고 자연 속의 다른 모든 것들도…

(개가 짖는다.)

모두가 말하는 장면

***해리스 중위**가 톰 버넷을 가리키며.*

조용히! 그가 말하게 내버려 두시오.

***한 아메리카 인디언**이 흑인 무리에게 비밀스럽게.*

꿀벌을 보면, 백인들이 올 것이고, 들소를 보면, 인디언이 뒤따른다.

***오킨 씨**가 한 무리에게.*

보스턴에서 끔찍한 일들이 있었다고 하더군요. 상상해 보시길…

***톰 버넷**이 자제력을 잃고 장교에게.*

늦었다고! 이런, 이게 내 몰락이라고! 이 모든 것이 끝날 이유가 없잖아요! 제가 숨쉬는 공기에도 세금을 매기지 그러십니까! 숲 모퉁이에서 저를 바로 체포하시지 그래요? 이런 꼴을 보려고 제가 살아온 겁니까? 일하고 정직한 사람이 되는 게 무슨 소용입니까! 정말 모호크족이 더 낫겠네.

(격앙되어, 여자들을 향해)

오! 저 「시편」 좀!

(원숭이들이 덩굴에서 흔들거린다.)

***어느 코만치족**이 멀리 떨어져 그들을 바라보며.*

왜 신은 붉은 인간을 중심에 두고 백인들을 주위에 두었을까?

***모드**가 하늘을 보고 톰 버넷을 가리키며 숨도 쉬지 않고.*

모두가 말하는 장면

> 성령이 그에게 얼마나 설득력 있는 말씀을 주시는지!
>
> *(이 모든 것은 무대에서 30초를 넘기지 않아야 한다. 이는 군중이 스스로 말을 하기 시작하는 혼란스러운 순간 중 하나이다.*
>
> *이는 갑작스러운 소동의 폭발로, "달러", "시편", "늦었다!", "바빌론", "그를 말하게 내버려 두시오", "보스턴!", "낮잠" 등의 단어들만이 개 짖는 소리, 아이들의 외침, 앵무새의 울음소리가 뒤섞여 들린다. —겁먹은 원숭이들이 가지에서 가지로 도망치고, 새들이 무대를 이리저리 가로지른다.)*

<small>모두가 말하는 장면</small>

대중은 우리의 제목과 주제를 정확히 일치시키고자 일부러 인용한 이 두 장면을 매우 신랄하게 비판하고 심지어 조롱하기까지 했다.

이는 잘못된 것이었다. 왜냐하면 연극은 **상대적인 관습의 산물**이기에, 선조들에게 불가피하게 허용됐던 양보를 현대 시인도 마땅히 해야 한다는 점을 이해해야 했기 때문이다.

설명해 보겠다.

우리가 말하는 것은 극의 맥락을 설명하는 장치가 있는 셰익스피어의 연극도, 때로는 수년에 걸친 시간을 포함하는 호르나다jornada*

---

* 에스파냐어로 하루의 여정을 의미하는 단어. 에스파냐 고전 연극에서는 막들을 가리키는 용어다.

가 있는 에스파냐 연극도 아니다.

아니다, 이는 매우 세심한 코르네유 신부, 부드러운 만큼 정확한 라신, 그리 부드럽지는 않더라도 똑같이 정확한 몰리에르에 관한 논의로 돌아가는 것이다. 몰리에르 작품에서 때때로 지켜지지 않는 장소의 일치는 세 작가의 작품에서 마찬가지로 모두 위반되는 시간의 일치에 기준해서만 뒤떨어질 뿐이다.* 그렇다면 우리가 방금 제시한 두 장면에서 **빌리에가 하고자 한 것**은, 첫 번째 장면에서는 고故 아리스토텔레스가 권장한 제한된 24시간 안에서 극이 너무나도 갑갑한 상황에 맞닥뜨렸을 때 세 명의 프랑스 고전 작가에게 무대가 허용한 모든 것을 활용하는 것이 아니고 무엇이겠는가? 두 번째 장면에서는, 어떤 의미에서는 말보다 더 빠른 것들과 관련하여 세 명의 작가가 감히 사용하지 못했던 관용의 개념을 활용하고자 했던 것이 아니고 또 무엇이겠는가? 이 관용은 음악에서 듀엣, 트리오, 그리고 투티tutti로 이루어질 때 언제나 활용되고, 회화에서는 원근법을 통해 활용된다.

하지만 그렇지 않다. 이 시대의 천재에게는 고대의 천재가 행했던 일을 하는 것이 금지되어 있다. **침묵의 장면**과 **모두가 말하는 장면**에 대해 많은 사람들이 비웃었고, 앞으로도 오랫동안 비웃을 것이다. 그렇지만 우리는 방금 반론의 여지가 없게 증명했기 때문에 여러분이

---

* 한 편의 연극에서 시간은 하루인 24시간, 장소는 한 장소, 행동은 한 사건을 지키라는 통일성을 강조한 아리스토텔레스의 3일치 법칙에 대한 내용이다. 그러나 아리스토텔레스 본인은 이에 대해 그리 엄격한 기준을 갖지 않았고 후대에 아리스토텔레스가 신성시되면서 과도한 해석과 확대 적용이 되었다고 평가되며, 셰익스피어도 이 법칙에 구애받지 않고 희곡을 쓴 것으로 유명하다.

그와 같은 평가에 동의하지 않을 것임이 틀림없다. 빌리에는 그 장면들을 쓸 권리가 있었을 뿐만 아니라, 그렇게 쓴 것은 백번 옳았다. 그가 그 장면들을 쓰지 않았다면 굉장히 잘못된 일이었을 것이다. 엄격한 왕도 왕이다Durus rex, sedrex.[*]

빌리에의 작품이 곧 출간될 것임을 상기시키며, 우리는 성공—이 말이 들리는가—바로 그 '성공'이 그토록 빨리 떠나보내기 아쉬운 훌륭한 시인에게 내려진 저주를 풀어 주리라 매우 큰 기대를 걸고 있다. 만약 그것이 우리가 그에게 '용기를 가지십시오!'라고 가장 진심어린 말을 보낼 기회가 아니라면 말이다.

우리는 『잔혹한 이야기Contes cruels』에 관해 말하지는 않을 것이다. 이 책은 이미 성공을 거두었기 때문이다. 이 책의 경이로운 단편들 사이에서 시인이 성숙했던 시기의 매우 희귀한 시들, 예전에는 아마도 사랑받았고 오늘날에는 확실히 멸시받는, —그런 일이 정말 벌어지는 듯하다—어떤 여성에게 보내거나 그녀에 관해 쓴 달콤하고도 씁쓸한 매우 짧은 시들을 발견할 수 있다. 짤막한 발췌문들을 살펴보도록 하겠다.

---

[*] 라틴어 경구 '악법도 법이다Dura lex, sed lex'를 베를렌 특유의 풍자적 문체로 패러디했다.

각성 RÉVEIL

오 나를 당황하게 하는 그대,

그래서 나는 그대의 심연의 단어를 가지고 있다.

. . . .

그대의 겨울 속에서 잊히길!

O toi dont je reste interdit,

J'ai donc le mot de ton abîme.

. . . .

Sois oubliée en tes hivers !

작별 ADIEU

그대의 베일 아래 흩어진 현기증이

그대의 벗은 팔로 나의 이마를 유혹한다.

. . . .

애도의 빛을 띤 그대의 머리카락은

더 이상 내 꿈에 그림자를 드리우지 않는다.

Un vertige épars sous tes voiles

Tente mon front vers tes bras nus.

. . . .

Et tes cheveux couleur de deuil

Ne font plus d'ombre sur mes rêves.

만남 RENCONTRE

그대는 그대의 검은 햇불을 흔들었고,

그대는 죽었다고 생각하지 않았다

나는 철창과 문을 만들었고

내 마음은 무덤을 확신한다!

. . . .

그대는 부활하지 않을 것이다!

Tu secouais ton noir flambeau,

Tu ne pensais pas être morte :

J'ai forgé la grille et la porte

Et mon cœur est sûr du tombeau !

. . . .

Tu ne ressusciteras pas !

그러면 이번에는 하나의 작품 전체를 어떻게 여러분 눈앞에 다시 한 번 제시해 볼까? 『이시스』, 『모르간』, 『신세계』, 『클레르 르누아르』에서처럼, 그의 모든 작품들에서처럼, 빌리에는 이 작품에서 신비로운 여성의 유령, 이미 석양이 드리운, 어둡고 당당한 오만의 여왕을 그녀의 영혼과 아름다움 위에 드리워진 핏빛 그림자와 금빛 그림자와 함께 그려낸다.

바닷가에서 AU BORD DE LA MER

무도회에서 나와 우리는 모래사장을 따라갔다.
망명의 지붕을 향해, 길을 따라 무작정,
우리는 걸었다. 꽃 한 송이가 그녀의 손안에서 시들어 갔다.
별과 꿈의 한밤중이었다.

그림자 속, 우리 주변에, 짙은 파도가 떨어졌다.
오팔과 금빛의 저 먼 곳을 향해, 대서양 위로,
바다 저편에서 신비한 빛이 퍼져 나왔다.
해초들이 차가운 공간에 향기를 뿌렸다.

오래된 메아리가 절벽 전체에 울려 퍼졌다!
막힘 없이 소용돌이치는 물결이

견고한 바위에 부딪혀, 무겁게, 거품을 일으켰다.
모래언덕 위에는 묘지의 십자가들이 빛나고 있었다.

그들의 침묵은, 우리를 위해, 이 거대한 소리를 덮었다.
더 이상 펼쳐져 있지 않았다, 그림자에 모욕당한 십자가들,
애도하는 화환들, 죽음의 꽃들은, 우렁찬
파도 속으로, 폭풍에 의해, 밤에 휩쓸려 갔다.

하지만 강가 비탈의 이 하얀 무덤들로부터,
신성한 안개 아래, 빛과 같은 것들에,
그림자는 헛되이 깊은 잠에 대해 질문한다,
그들은 결정적인 법칙의 비밀을 간직하고 있었다.

추위를 느낀 그녀는, 검은 캐시미어로 그녀의
왕족 같은 가슴을 가렸다, 내 모든 생각의 망명지!
나는 이 내리깐 눈꺼풀을 지닌 여인에 감탄했다,
잔인한 스핑크스, 악몽, 오래된 절망!

그녀의 시선은 아이들을 죽게 한다. 그녀는 지나가며
자신이 파괴한 것 안에서 살아남게 한다.
그녀는 밤 때문에 사랑받는 여인이며,
그리고 그녀가 알았던 이들은 낮은 목소리로 그녀에 대해 말한

다.

위험은 그녀에게 친밀한 광선을 입히고,
그녀의 부주의하게 부드러운 포옹 속에서조차도,
떠오른 그녀의 범죄들은 마치
층계참에 떨어지는 총의 개머리판 소리를 듣는 듯하다.

그러나 그녀를 구속하는 영광스러운 수치 아래,
비상하지 않는 이 영혼이 즐기는 상복 아래
아직도 침범당하지 않은 순진함이 쉬고 있다
흑단 상자 안에 갇힌 백합처럼.

그녀는 바다의 소란에 귀를 기울였고,
세월이 스친 아름다운 이마를 숙이고,
자신의 구슬픈 운명을 회상하며,
그녀는 이 쓰라린 말들을 쏟아냈다.

"옛날, 옛날에, ―내가 산 자들의
일부였을 때, ―그들의 사랑은 밤의 창백한 불빛 아래서
마치 이 무덤 발치의 바다처럼
내 무기력함 앞에서, 물결치며, 슬퍼했어요.

나는 내 손 위에서 부서지는 긴 이별을 봤어요,
죽음을 면치 못하는 나는 욕망도 미움도 없이 맞이했어요,
이 고통받는 영혼들의 애원하는 고백을,
무덤은 바다에게 그 입맞춤을 돌려주지 않았어요.

그렇게 나는 무감각하고 침묵으로 만들어졌어요
그리고 나는 살지 않았어요, 내 나날들은 차갑고 헛되고,
하늘은 나에게 신성한 고동을 거부했어요!
저울의 추는 나를 위해 기울어졌죠.

나는 죽음 속에서조차도 그것이 내 운명임을 느껴요,
그리고 여전히 회한이나 축제에 신경을 쓰며,
만약 죽은 자들이 폭풍 속으로 그들의 꽃을 찾으러 간다면
나는 그들을 이해하지 못한 채, 쉬게 될 거예요."

나는 빛나고 창백한 십자가들에 인사했다.
넓은 바다는 새벽을 알렸고, 나는
회한의 바람이 돌풍으로 때리는 그녀의
어두운 영혼을 진정시키려고 말하기 시작했다

그리고 황량한 바다가 부풀어 오르는 동안,
"무도회에서 당신에게는 이런 우울함이 없었어요

그리고 당신의 정중한 말이 지닌 수정 같은 소리는
당신 팔찌의 금빛 뱀을 유혹했죠.

웃으며 장미 다발 향을 맡으며,
다이아몬드가 섞인 당신의 길고 검은 머리카락 아래,
왈츠가, 우리 둘을, 사로잡았을 때, 잠시,
당신의 눈 속에는, 덜 우울한 섬광이 있었어요.

나는 진홍빛 기쁨 아래 망각에 완전히 준비된
당신의 영혼이 되살아나는 것을 보며,
그리고 마치 태양 광선에 맞은 빙하처럼
마침내 당신의 산만한 슬픔이 밝아지는 걸 보며 행복했어요."

그녀는 내 위에서 그녀의 침울한 눈이 빛나게 했다
그리고 죽은 자의 창백함이 그녀의 운명적 이목구비를 장식했다.
"당신이 보기에, 나는 북극 땅 같은가요,
나는 6개월의 빛과 6개월의 어둠을 가졌나요?

더 잘 알아 두세요, 우리가 스스로 어떤 자존심을 부여했는지
그리고 그것이 우리 눈에 가려 읽히지 못하게 하는 모든 것을,
나를 사랑해 줘요, 당신은 밝은 미소 아래, 내가

이 버려진 무덤들과 같다는 걸 아는 당신."

Au sortir de ce bal nous suivîmes les grèves.

Vers le toit d'un exil, au hasard du chemin,

Nous allions : une fleur se fanait dans sa main.

C'était par un minuit d'étoiles et de rêves.

Dans l'ombre, autour de nous, tombaient des flots foncés.

Vers les lointains d'opale et d'or, sur l'Atlantique,

L'outre-mer épandait sa lumière mystique.

Les algues parfumaient les espaces glacés.

Les vieux échos sonnaient dans la falaise entière !

Et les nappes de l'onde aux volutes sans frein

Écumaient, lourdement, contre les rocs d'airain.

Sur la dune brillaient les croix d'un cimetière.

Leur silence, pour nous, couvrait ce vaste bruit.

Elles ne tendaient plus, croix par l'ombre insultées,

Les couronnes de deuil, fleurs de mort, emportées

Dans les flots tonnants, par les tempêtes, la nuit.

Mais de ces blancs tombeaux en pente sur la rive,

Sous la brume sacrée, à des clartés pareils,

L'ombre questionnait en vain les grands sommeils :

Ils gardaient le secret de la Loi décisive.

Frileuse, elle voilait d'un cachemire noir

Son sein royal, exil de toutes mes pensées !

J'admirais cette femme aux paupières baissées,

Sphynx cruel, mauvais rêve, ancien désespoir !

Ses regards font mourir les enfants. Elle passe

Et se laisse survivre en ce qu'elle détruit.

C'est la femme qu'on aime à cause de la Nuit,

Et ceux qu'elle a connus en parlent à voix basse.

Le danger la revêt d'un rayon familier :

Même dans son étreinte oublieusement tendre,

Ses crimes évoqués sont tels qu'on croit entendre

Des crosses de fusils tombant sur le palier.

Cependant sous la honte illustre qui l'enchaîne,

Sous le deuil où se plaît cette âme sans essor

Repose une candeur inviolée encor

Comme un lys enfermé dans un coffret d'ébène.

Elle prêta l'oreille au tumulte des mers,

Inclina son beau front touché par les années,

Et se remémorant ses mornes destinées,

Elle se répandit en ces termes amers :

« Autrefois, autrefois, — quand je faisais partie

» Des vivants, — leurs amours sous les pâles flambeaux

» Des nuits, comme la mer au pied de ces tombeaux

» Se lamentaient, houleux, devant mon apathie.

» J'ai vu de longs adieux sur mes mains se briser :

» Mortelle, j'accueillais sans désir et sans haine,

» Les aveux suppliants de ces âmes en peine :

» Le sépulcre à la mer ne rend pas son baiser.

» Je suis donc insensible et faite de silence

» Et je n'ai pas vécu ; mes jours sont froids et vains,

» Les Cieux m'ont refusé les battements divins !

» On a faussé pour moi les poids de la balance.

» Je sens que c'est mon sort même dans le trépas :

» Et soucieux encore des regrets ou des fêtes,

» Si les morts vont chercher leurs fleurs dans les tempêtes

» Moi je reposerai, ne les comprenant pas. »

Je saluai les croix lumineuses et pâles.

L'étendue annonçait l'aurore, et je me pris

A dire, pour calmer ses ténébreux esprits

Que le vent des remords battait de ses rafales

Et pendant que la mer déserte se gonflait :

« Au bal vous n'aviez pas de ces mélancolies

» Et les sons de cristal de vos phrases polies

» Charmaient le serpent d'or de votre bracelet.

» Rieuse et respirant une touffe de roses,

» Sous vos grands cheveux noirs mêlés de diamants,

» Quand la valse nous prit, tous deux, quelques moments,

» Vous eûtes, en vos yeux, des lueurs moins moroses.

» J'étais heureux de voir sous le plaisir vermeil

» Se ranimer votre âme à l'oubli toute prête,

» Et s'éclairer enfin votre douleur distraite

» Comme un glacier frappé d'un rayon de soleil. »

Elle laissa briller sur moi ses yeux funèbres

Et la pâleur des morts ornait ses traits fatals.

« Selon vous, je ressemble aux pays boréals,

» J'ai six mois de clartés et six mois de ténèbres ?

» Sache mieux quel orgueil nous nous sommes donné

» Et tout ce qu'en nos yeux il empêche de lire :

» Aime-moi, toi qui sais que, sous un clair sourire,

» Je suis pareille à ces tombeaux abandonnés. »

   그리고, 마땅히 숭고하다고 말해야 할 이 시구들에 대해, 우리는 완전한 작별을 고해야겠다—저주받은 조그만 지면이여!—이 시를 지은 친구 역시도.

6
가엾은 를리앙
PAUVRE LELIAN

'이 저주받은 시인'*은 가장 우울한 운명을 지닐 것이다, 이 달콤한 단어가 결국 그의 순수한 성격과 돌이킬 수 없는? 나약함으로 인해 그의 존재가 지닌 불행을 특징지을 수 있기 때문이다. 그는 자신의 책『사피엔티아Sapientia』에서 자신에 관해 직접 이렇게 말했다.**

그리고, 무엇보다도, 너 자신을 잊지 마라,

전쟁터든 사랑의 장소든 어디서나

정말로 슬프고 어리석은 방식으로,

너의 나약함과 단순함을 끌고 다니면서!

. . . .

이 묵직한 순진함은 충분히 벌을 받았는가?

Et puis, surtout, ne va pas t'oublier toi-même,

Traînassant ta faiblesse et ta simplicité

Partout où l'on bataille et partout où l'on aime,

D'une façon si triste et folle en vérité !

. . . .

A-t-on assez puni cette lourde innocence ?

---

* 가엾은 를리앙Pauvre Lelian은 폴 베를렌Paul Verlaine이 자신의 이름 철자를 바꿔 만든 필명이다.

** 이어지는 시는 실제로는『사피엔티아』가 아니라『지혜Sagesse』(1880)에 실린 시이며 베를렌의 시집들 중『사피엔티아』라는 제목의 시집은 없다. 그는 이 에세이에서 제시하는 자신의 책들의 제목을 모두 원래와는 다른 제목으로 바꿔 쓰고 있다.

그리고 최근 출간된 『자비Charité』에서는 이렇게 말했다.

나는 사랑에 열광하고, 나의 그토록 허약한 마음은 미쳤다.
. . . .
나는 더 이상 내 마음의 추락을 헤아릴 수 없다.

J'ai la fureur d'aimer, mon cœur si faible est fou.
. . . .
Je ne puis plus compter les chutes de mon cœur.

잘 들어 두라, 이것들이 그의 폭풍우 같은 삶의 유일한 구성 요소들이었다!

그의 어린 시절은 행복했다.

비범한 부모님, 세련된 아버지, 매력적인 어머니(아아, 이제는 모두 돌아가셨지만!)는 외아들인 그를 귀여워했다. 그럼에도 그는 일찍 기숙학교에 보내졌는데, 거기서 추락이 시작되었다. 우리는 긴 검은 블라우스를 입고, 머리는 짧게 깎은 채, 손가락을 입에 넣고, 두 운동장을 구분하는 울타리에 팔꿈치를 괴고, 이미 튼튼하게 자란 다른 아이들이 놀고 있는 가운데 거의 울 것 같은 모습의 그를 여전히 볼 수 있다! 심지어 저녁이 되면, 도망갔다가 다음날 온갖 과자와 약

속으로 겨우 설득되어 그 '감옥'으로 다시 끌려갔고, 그곳에서 그 역시 결국 '추락하여' 머릿속에 공상을 품고 그리 못되지 않은 문제 덩어리가 되었다. 그는 학업에 무관심했고, 게을렀지만, 이는 다시 말하자면 공상에 불과했던 것으로, 어찌어찌 성공해서 간신히 대학 입학 자격 시험을 통과했다. 후대의 사람들이 그에게 관심을 가진다면, 나중에 콩도르세, 그다음 퐁탄느, 그리고 다시 콩도르세로 이름이 바뀐 보나파르트고등학교가 그의 꼬마 시절과 청소년 시절 바지 끝단이 해졌던 곳이라는 사실을 알게 될 것이다. 법학 대학에 한두 번 등록하고 오늘날의 여성 접객 술집의 초기 형태였던 그 시절 **싸구려 술집**에서 상당히 많은 맥주를 마셨던 것이 그의 형편 없는 인문학적 교양을 완성했다. 바로 이때부터 그는 시를 쓰기 시작했다. 이미 열네 살 때부터 그는 죽어라 운율을 맞추고, 음란하고 음산한 장르에서 정말 재미있는 것들을 만들어냈다. 그는 형태는 없지만 재미있는 시도들을 빠르게 불태우고 더 빠르게 잊어버렸으며, 르메르[*]가 발간한 첫 번째 『파르나스 시집Parnasse』에 그의 여러 작품이 실린 지 얼마 지나지 않아 『불길한 별Mauvaise Étoile』을 출판했다. 우리가 말하고자 하는 시집 『불길한 별』은 언론에서 적잖은 적대적 호응을 얻었다. 하지만 이것이, 아직은 미숙한 재능일지라도, 가엾은 를리앙의 시에 대한 진정한 취향과 무슨 상관이 있었단 말인가? 그렇게 일 년이 지나 그는 『키테라섬을 향해Pour Cythère』를 출판했는데, 이때 비평가들은 그가 보여 준 매우 대단한 발전을 인정했다. 이 작은 책은 시인들 사

---

[*] 알퐁스 르메르Alphonse Lemerre(1838~1912). 19세기 프랑스 출판업자.

이에서 약간의 소란을 일으켰다. 또 일 년이 지나, 약혼녀의 우아함과 상냥함을 부르짖는 새로운 작은 시집 『결혼식 꽃바구니Corbeilles de noces』가 발표되었다…. 그리고 이때부터 '그의 상처'가 시작되었다고 할 수 있다.

. . . .
. . . .
. . . .

이 치명적인 시기가 끝날 무렵 앞서 언급하고 인용한 『사피엔티아』가 출간되었다. 4년 전, 폭풍의 한가운데서 『플루트와 호른Flûte et Cor』이 출판되었었는데, 이 책은 꽤 새로운 글을 여러 편 담고 있어서 이후 사람들의 입에 많이 오르내렸다.

가엾은 를리앙의 가톨릭으로의 개종, 이로부터 나온 『사피엔티아』, 그리고 이후 출간되었던 다소 잡다하게 뒤섞인 시집 『그제와 어제Avant-hier et hier』는—이 시집에서는 덜 금욕적인 내용을 담은 짤막한 글들이 거의 지나치게 신비주의적이라고 할 수 있는 시들과 교차되어 나타났다—진정한 문학이라는 작은 세상에서 예의를 갖추면서도 활발한 논쟁을 일으켰다.* 시인은 모든 것이 제대로 행해진다는 조건하에 모든 것을 자유롭게 할 수 있지 않은가, 아니면 통일성이라는 구실 아래 특정 장르에 국한되어야 하는가? 이와 같은 주제에 관해 여러 친구의 질문을 받았던 우리의 작가는, 이런 종류의 의견에

---

* 1873년에 베를렌은 랭보를 총으로 저격한 사건으로 감옥에 갇혔고 수감 생활을 하던 중에 가톨릭 신도가 되었으며 이후 가톨릭 신앙에 영향을 받은 시들을 썼다. 이 시들은 랭보 등 그의 동료들에게 비판을 받았다.

대해 선천적으로 지닌 혐오감에도 불구하고, 다소 긴 부연 설명으로 답했는데, 우리 독자들은 그의 순진함 때문에 아마도 흥미롭게 읽을 것이다.

다음은 그 내용의 일부이다.

"확실히 시인은, 모든 예술가처럼, 필수적인 영웅의 조건이라 할 수 있는 강력함 다음으로, 통일성을 추구해야 한다. (단조로운 것은 아닌) 어조의 통일, 그의 작품에서 무작위로 선택된 부분에서도 알아볼 수 있는 문체, 습관, 태도들. 그리고 사상의 통일 역시 필요하며 바로 여기서 논쟁이 시작될 수 있다. 추상적인 개념 대신, 우리는 단지 우리의 시인을 논쟁의 장으로만 삼을 것이다. 그의 작품은 1880년부터 매우 뚜렷하게 두 개의 부분으로 나뉘며, 그가 앞으로 낼 책들의 안내서는 그가 이런 시스템을 계속 유지하고, 동시에 출판하는 것은 아니더라도(이는 단지 잠재적인 편의상의 문제일 뿐이며, 논의 대상은 아니다) 적어도 병행해서 완전히 다른 사상을 담은 작품들을 출간하려는 의도가 있음을 보여 준다. 더 정확하게 말하자면, 한편으로는 가톨릭주의가 그 논리와 매력, 유혹과 공포를 펼치는 책들을, 다른 한편으로는 순전히 세속적인 책들을 출간하려는 것이다. 이는 (독자를) 괴롭게 만드는 뛰어난 유머를 동반한 감각적인 책들이며, 삶의 오만함으로 가득 차 있다. 그런데 이 모든 것에서 권장되었던 사상의 통일성은 어떻게 되는 것인가?

하지만 통일성은 존재한다. 통일성은 인간적 측면에서, 가톨릭적 측면에서 존재하며, 우리 관점에서 이 둘은 동일하다. 나는 믿는다. 그리고 생각으로도 행동으로도 죄를 짓는다. 나는 믿는다, 그리고 나는 더 나아지기를 기다리며 회개한다. 또 나는 믿는다, 그리고 지금으로서는 나는 좋은 기독교인이다. 나는 믿는다, 그리고 그다음 순간에는 나쁜 기독교인이 된다. 죄에 대한 기억, 희망, 기도는 후회와 함께 또는 후회 없이 나를 즐겁게 한다. 때로는 죄의 형태 그 자체로, 그리고 '죄'의 모든 결과를 지닌 채로, 더 빈번하게는 육체와 피가 강하기에 ─자연적이고 **동물적**이기에, 마치 첫 번째 자유사상가의 기억, 희망, 기도처럼 말이다. 우리 작가들, 그러니까 나, 당신, 그는 이런 즐거움을 종이에 적는 것을 즐기며 잘 표현하든 못하든 출판하길 원한다. 마침내 우리는 그것을 문학적 형태로 기록한다. 모든 종교적 사상을 잊거나 하나도 놓치지 않으면서 말이다. 진정으로 보았을 때, 사람들은 우리를 시인으로서 비난할까? 절대 그렇지 않을 것이다. 가톨릭 신자의 양심이 다른 방식으로 논하든 아니든, 그것은 우리랑은 상관없는 일이다. 이제 가엾은 를리앙의 가톨릭 시들이 그의 다른 시들을 문학적으로 아우르는가? 당연히 그렇다. 두 가지 모두 어조는 동일하다. 하나는 엄숙하고 단순하며, 다른 하나는 화려하고, 나른하며, 신경질적이고, 웃음 짓게 하는 등 다양하다. 그러나 마치 신비롭고 감각적인 인간이 다양한 표현 속에서도 언제나 지적인 인간으로 남아있는 것처럼, 어디서나 어조는 동일하다. 그 사상은 같은 사상이되 높낮이가 다를 뿐이다. 그리고 가엾은 를리앙은 기도만을 담은 책들과 함께 인상만을 담은 책들을 만들 자유가 분명히 있다고 생각한다. 마찬가지로 그 반대의 경우도 전적으로 허용될 것이다."

. . . .
. . . .
. . . .

그 이후, 가엾은 를리앙은 작은 비평서 한 권을 출간했는데—오 비평서라니! 오히려 찬양에 가까웠다—그 진가를 인정받지 못하는 시인들에 관한 것이었다. 이 책은 『이해받지 못한 이들les Incompris』이라는 이름으로 불렸고, 그 안에는 아직 읽히지 않았던, 특히 아르튀르 랭보라는 사람에 관한 글, 를리앙이 자신의 운명에 있어서의 특정 단계를 상징화하고자 했던 내용도 있었다.

도둑맞은 심장 LE CŒUR VOLÉ

내 가엾은 심장은 선미에서 침을 흘리고,

내 심장은 하사관들로 가득 차 있다.

그들은 내 심장에 수프를 던진다.

내 가엾은 심장은 선미에서 침을 흘리고.

모두가 웃음을 터뜨리는

부대의 조롱 아래,

내 가엾은 심장은 선미에서 침을 흘리고,

내 심장은 하사관들로 가득 차 있다.

발기한 남근을 가진 젊은 군인들,

그들의 모욕이 내 심장을 타락시켰다.

저녁 무렵, 그들은 벽화를 그린다

발기한 남근을 가진 젊은 군인들.

오 기이한 파도들이여,

내 심장을 가져가라, 그것이 구원받기를!

발기한 남근을 가진 젊은 군인들,

그들의 모욕이 내 심장을 타락시켰다.

Mon pauvre cœur bave à la poupe,

Mon cœur est plein de caporal.

Ils lui lancent des jets de soupe.

Mon pauvre cœur bave à la poupe.

Sous les quolibets de la troupe

Qui pousse un rire général,

Mon pauvre cœur bave à la poupe,

Mon cœur est plein de caporal.

Ithyphalliques et pioupiesques,

Leurs insultes l'ont dépravé.

A la vesprée, ils font des fresques

Ithyphalliques et pioupiesques.

O flots abracadabrantesques,

Prenez mon cœur, qu'il soit sauvé !

Ithyphalliques et pioupiesques,

Leurs insultes l'ont dépravé.

목신의 머리 TÊTE DE FAUNE

나뭇잎 우거진 그늘 속, 금빛 얼룩진 녹색 보석함 속에서,

희미하게 빛나고 꽃이 만발한 나뭇잎 그늘 속에서,

강렬하고 매서운 키스가 잠자는 거대한 꽃들,

그리고 정교한 자수 앞에서,

미친 듯한 목신은 그의 큰 눈을 보여주고
하얀 이빨로 빨간 꽃을 물어뜯으며
오래된 포도주처럼 갈색빛과 핏빛을 띤,
그의 입술은 가지 사이로 웃음을 터뜨린다.

그리고 그가 달아났을 때, 마치 다람쥐처럼,
그의 웃음은 여전히 모든 잎사귀에서 연주되고
참새에 겁먹은 듯한
명상하는 숲의 금빛 키스.

Dans la feuillée, écrin vert taché d'or,

Dans la feuillée incertaine et fleurie,

D'énormes fleurs où l'acre baiser dort,

Vif et devant l'exquise broderie,

Le Faune affolé montre ses grands yeux

Et mort la fleur rouge avec ses dents blanches

Brunie et sanglante ainsi qu'un vin vieux,

Sa lèvre éclate en rires par les branches ;

Et quand il a fui, tel un écureuil,

Son rire perle encore à chaque feuille

Et l'on croit épeuré par un bouvreuil

Le baiser d'or du bois qui se recueille.

그는 온갖 종류의 어려움을 겪으면서 여러 권의 책들을 준비하고 있다. 『자비Charité』는 지난 3월에 출간되었다. 『곁에서A côté』는 곧 출간될 예정이다. 첫 번째 책은 『사피엔티아』의 후속작으로, 쓰라리고도 달콤한 가톨릭 신앙을 담은 책이며, 두 번째 책은 가장 진솔하면서도 대담한 감각들을 담아낸 시집이다.

마침내, 그의 산문 작품 두 편이 인쇄되었는데 『소크라테스의 주석Commentaires de Socrate』은 다소 일반화된 자서전이고, 『클로비스 랍스쿠르Clovis Labscure』는 진행이 잘된다면 계속해서 사용될 여러 소설들의 주된 제목이다.

그에게는 다른 계획들도 많다. 다만 그는 병들고 다소 낙담하여 이제 잠자리에 들 수 있게끔 허락을 구하고자 한다.

―아! 그 이후로, 완전히 회복되어, 그는 글을 쓰고 원하는 곳으로 가는데, 그것은 **베아티투도**Beatitudo*의 상태로 사는 것과 같구나.

---

* 행복은 마음과 태도에 달려 있다는 의미의 라틴어.

옮긴이의 말

폴 베를렌의 『저주받은 시인들』은 시 선집이자 평론집으로, '저주받은 시인'이라는 이름 아래 여섯 명의 시인을 소개하고 있다. 1884년 레옹 바니에 출판사에서 출간된 초판본에서는 트리스탕 코르비에르, 아르튀르 랭보, 스테판 말라르메만을 다루고 있는데, 이 초판본은 본래 『뤼테스Lutèce』라는 잡지에 '저주받은 시인들'이라는 제목으로 연재되었던 글들을 엮은 것이었다. 이후 1888년 개정판에서 마르슬린 데보르드 발모르, 빌리에 드 릴라당, 그리고 '가엾은 를리앙'이라는 이름으로 베를렌 자신을 포함하여, 총 여섯 명의 시인을 소개하고 그들의 작품에 관한 평론을 실었다.

책 제목으로 인해 '저주받은 시인poète maudit'이라는 표현을 폴 베를렌이 처음으로 만들어낸 것처럼 느껴질 수도 있지만 사실은 그렇지 않다. 이 표현은 알프레드 드 비니(Alfred de Vigny)가 1832년에 발표한 『스텔로Stello』에서 처음으로 제시되었다. 이 작품에서 시인은 '지상의 권력자들로부터 언제나 저주받는 종족la race toujours maudite par les puissants de la terre'으로 명명하며 사회적, 문학적 규범 속에 얽매여 살아가는 예술가의 운명을 강조했다. 이후 베를렌이 『저주받은 시인들』을 통해 이 표현을 제목으로 삼으면서, 이 개념은 프랑스는 물론이고 세계 문학에서 하나의 시적 개념이자 전통으로 자리 잡게 되었다. 여기서 '저주'란 단순히 시인 개인의 불행한 운명을 가리키는 것이 아니라, 당대 사회에서 이해받지 못하고 배척된 이들이 사회적 규범과 문학적 관습을 거스르는 태도와 존재 방식을 말한다.

  베를렌은 이 책에서 시인의 불운한 운명에 대해 안타깝게 생각하거나 이상적으로 그리지 않는다. 그는 주류 문학의 틀에 맞지 않았던 여섯 명의 시인이 지닌 고유한 시적 언어와 시대와 타협하지 않는 고독한 자세를 있는 그대로 드러내고자 했다. 그가 중요하게 여긴 것은 미적 규범이 아니라, 각각의 시인이 보여 주는 문학적 개성과 시적 진실성이다. 그런 의미에서 이 책은 단순한 시인 소개서라기보다는 일종의 시론이자 문학적 선언이라 할 수 있으며, 더 나아가 동시대 문학적 친구들과의 교류와 연대로도 읽힐 수 있겠다. 그로 인해 여섯 명의 시인에 대한 베를렌의 시선은 철저히 주관적이고 감정적이며, 때로는 노골적으로 편파적이지만, 이러한 글쓰기 방식이 오히려 독자에게 진실한 감동으로 다가오는 것은 베를렌이 이들의 작품을 통해 독자와 진정한 교감을 나누고자 했기 때문일 것이다. 그렇게 독자는 어둠 속에 가려져 있던 문학사의 보물들을 비로소 마주하게 된다. 이처럼 『저주받은 시인들』은 단순한 비평을 넘어, 외면받은 시적 감수성에 대한 섬세한 증언이며, 주류에서 밀려난 시인들의 시적 목소리를 다시 불러내려는 시도라고 할 수 있다.

  사실 이 책은 문학적으로 소외된 여러 시인들을 소개하는 데

목적이 있는 동시에, 어쩌면 그보다 더 본질적으로는, 작가 자신에 대한 내밀한 고백이자 자기변호로도 읽힌다. 폴 베를렌은 언제나 경계에 서 있던 시인이었다. 낭만주의의 여운이 남아 있는 시대에 태어나 상징주의와 근대 시의 문을 열었으며, 전통적인 형식 안에 감각적이고 유동적인 리듬을 불어넣는 방식으로 시의 새로운 가능성을 제시했다. 그러나 그의 문학적 위치보다도 더 주변적이었던 것은 개인적 삶이었다. 알코올 중독, 랭보와의 격정적인 애정 관계에서 비롯된 방랑, 폭력, 감옥 생활 등 그의 삶 자체가 '저주'라는 말을 떠올리게 한다. 그가 자신을 '가엾은 를리앙'이라는 이름으로 『저주받은 시인들』에 포함시킨 것도, 결국 이 책이 자기 자신의 삶과 문학적 태도를 설명하고자 했던 또 하나의 방식이 아니었을까.

    이 책을 번역하면서 마치 한 시대의 가장 어두운 골목길을 조용히 걷는 경험을 하는 것 같았다. 주류 문학에서 밀려난 이들의 목소리를 따라가며 그들이 품었던 고독과 열정, 그리고 세상과 결코 타협하지 않고 끝까지 자신의 목소리를 내고자 노력했던 그들의 예술혼을 다시 새길 수 있는 뜻깊은 시간이었다. 이 책을 읽게 될 독자 역시 여섯 명의 시인이 전하는 고요하지만 단단한 울림을 함께 느낄 수 있기를 바란다. 의미 있는 번역의 기회를 주신 필요한책에도 깊이 감사드린다.

폴 베를렌 연보

1844년(0세)
3월 30일 프랑스 동북부 모젤Moselle주의 메스Metz에서 직업 군인인 아버지 니콜라 오귀스트 베를렌Nicolas-Auguste Verlaine과 어머니 엘리자 스테파니 드에Élisa-Stéphanie Dehée 사이에서 출생.

1851년(7세)
파리로 이사.

1853년(9세)
랑드리기숙학교l'institution Landry에 입학.

1855년 10월(11세)
7년 과정의 보나파르트제국고등학교lycée impérial Bonaparte(현 콩도르세고등학교Lycée Condorcet) 입학. 이후 3년간 우수한 성적을 유지하나 4년 차부터 문학에 몰두하게 되면서 성적이 하락.

1862년(18세)
8월에 대학교에 합격, 11월에 법학과에 등록. 그러나 학과 공부에는 관심이 없었으며 문학과 술에 심취함.

1865년(21세)
1월 파리 예산 및 회계 사무소에 지불명령파견인으로 임명되어 공무원 생활을 시작. 문필 작업을 병행하며 빌리에 드 릴라당 등 작가들과 만남.
12월 30일 아버지가 뇌출혈로 사망.

1866년(22세)
4월 『현대 파르나스파Le Parnasse contemporain』지 9호에 시 일곱 편 수록.
10월 르메르Lemerre 출판사에서 첫 시집 『사투르누스의 노래Poèmes saturniens』 발간.

1867년(23세)
2월 절친한 사이였던 사촌 엘리자 몽콩블 뒤자르댕Élisa Moncomble-Dujardin이 자연 유산으로 인한 후유증으로 사망하자 큰 충격을 받음.
9월 보들레르의 장례식에 참여.

1869년(25세)
3월 시집 『풍류의 향연Fêtes galantes』을 르메르 출판사에서 발간.
6월 친구인 음악가 샤를 드 시브리Charles de Sivry의 이복여동생 마틸드 모테 Mathilde Mauté와 첫 만남. 연인 사이가 됨.

1870년 8월(26세)
마틸드 모테와 결혼.

1871년(27세)
3월 파리에 시민 혁명 정부인 파리 코뮌이 수립되자 코뮌에 협조하게 됨.
5월 코뮌이 진압되면서 아내와 함께 파리에서 도주함.
8월 파리로 돌아온 후에 아르튀르 랭보가 보낸 편지를 받음.
9월 랭보와 만남 후 관계가 깊어지며 마틸드 모테와의 갈등이 심해짐.
10월 30일 마틸드 모테가 아들 조르주 베를렌Georges Verlaine 출산.

1872년(28세)
1월 아내와 아들에게 폭력을 행사한 일로 인한 처가 부모의 분노로 집에서 나옴. 어머니 집으로 들어가면서 아내와 별거 시작.
2월 마틸드 모테가 별거와 재산 분할 소송을 시작(이혼이 불가능한 시대였음).
3월 랭보와의 문제가 해결됐다며 마틸드 모테와 재결합.
7월 랭보와 함께 벨기에로 떠남.
9월 벨기에를 방랑한 후 영국 런던에 도착.
12월 랭보가 홀로 떠남.

1873년(29세)
1월 코뮌 협력자들에 대한 숙청이 시작되면서 베를렌도 고발당함.
4월 런던을 떠나 벨기에에 머무르며 랭보와 다시 만남.
7월 10일 파리로 가려고 하는 랭보와 다투다 총으로 저격하여 부상을 입힘. 미안하다며 저녁에 파리행 기차를 타려는 랭보를 배웅했으나 거기서도 랭보를 위협하여 결국 경찰에 의해 수감됨.
8월 27일 2년 징역형에 200프랑 벌금형으로 형량이 확정됨.
10월 몽스Mons 감옥으로 이송. 랭보와의 스캔들이 파리에서 화제가 됨.

1874년(30세)
3월 감옥에서 교정을 본 시집 『말 없는 연가Romances sans paroles』 출간.
4월 마틸드 모테의 소송이 받아들여져 부부의 별거와 별거 수당이 확정됨.
7월 별거 소송이 완료됐다는 소식을 감옥에서 접하고 충격, 가톨릭에 귀의함.

1875년(31세)
1월 모범수로 징역이 삭감되어 석방. 슈투트가르트에서 시에 대한 관심을 잃은 랭보를 만나 시집 『일뤼미나시옹Illuminations』 원고를 받음.
3월 런던에 도착. 프랑스어와 라틴어, 데셍 등을 가르치는 교사 일을 시작함. 이후 영국 곳곳에서 교사 일을 하며 생활을 영위함.

1877년(33세)
4월 파리로 복귀.
6월 파리를 떠나 아라스Arras로 감.
10월 노트르담대학교collège Notre-Dame de Rethel에서 영어, 윤리, 역사, 문학 교사 일을 시작.

1878년(34세)
뤼시앵 레티노아Lucien Létinois와 알게 되어 부성애적인 애정 관계를 맺음.
8월 노트르담대학교와 재계약이 이뤄지지 않아 학교를 떠나게 됨.
9월 뤼시앵과 함께 런던으로 가서 생활.

1880년(36세)
3월 뤼시앵과 프랑스로 돌아와 뤼시앵 부모의 집에서 함께 체류. 이후 어머니의 돈으로 주니빌Juniville에 있는 농장을 사서 뤼시앵 부모의 이름으로 등록.
12월 시집 『지혜Sagesse』를 가톨릭서점총회에서 발간. 악평으로 상업적 실패.

1882년(38세)
뤼시앵의 부모가 부동산 투자 실패로 농장 매매 후 돈을 착복해선 벨기에로 도주.
7월 『파리 모데른paris moderne』에 '해골Le squelette'을 발표하며 파리 문학계에 복귀. 빈곤 상태인 뤼시앵의 가족과 재회하고 뤼시앵에게 교사 취업을 알선함.

1883년(39세)
4월 7일 뤼시앵이 장티푸스로 인해 사망. 충격으로 방탕한 생활에 빠져 듦.
어머니의 재산을 탕진하여 돈 문제에 시달리고 어머니와는 불화를 겪음.

1884년(40세)
4월 『저주받은 시인들』 출간.

1885년(41세)
정서적 불안정, 지속적인 음주 문제, 어머니에 대한 위협 행위.

1886년(42세)
1월 어머니가 독감으로 사망. 어머니가 물려 준 유산의 상당액은 빚과 아들의 부양금으로 사라지고 가난에 시달리게 됨.
7월 다리의 궤양으로 인한 류머티즘 악화.

상징주의 문학 운동이 주목을 받으면서 자연스럽게 이름이 알려짐. 다수의 잡지에 기고가 이뤄졌으며 소설 『어느 홀아비의 회고록Les Mémoires d'un veuf』, 소설집 『루이 르클레르Louise Leclercq』 출간.

1887년(43세)
병원과 호텔 들을 전전하며 살아감.

1888년(44세)
뤼시앵에게 바치는 시집 『사랑Amour』, 보들레르적인 노골성을 지닌 시집 『동시에Parallèlement』의 출판 계약을 바니에 출판사와 맺었으며 경제적으로 조금 사정이 나아짐. 『저주받은 시인들』 개정 증보판 출간.

1889년(45세)
1월 갑작스러운 발작으로 마비 증상 발생, 입원.
건강 악화와 더불어 사생활적으로는 비참했으나 문학적 명성은 올라감.

1891년(47세)
필로멘 부댕 에스테르Philomène Boudin Esther와 외제니 크란츠Eugénie Krantz와 정부 관계를 이룸. 종교 시집 『행복Bonheur』, 에스테르와 외제니와의 관계에서 영감을 얻은 『그녀를 위한 노래Chansons pour Elle』 출간.

1893년(49세)
건강 악화와 회복을 반복.
11월~12월 영국에서의 강연회들을 성공적으로 개최. 에스테르와 연인 관계가 깊어짐.

1894년(50세)
8월 외제니와 동거 생활 시작.
9월 시인들의 왕으로 선정.
12월 외제니와 갈등 끝에 결별, 병원에 입원.

1895년(51세)
1월 에스테르와의 관계가 회복되었으나 베를렌의 재산이 얼마 없다는 걸 안 에스테르가 그의 돈을 들고 떠남.
3월 외제니와 재회.
12월 독감에 걸리고 다리의 부종 확장, 간 기능 장애, 착란을 일으키며 쓰러짐.

1896년(52세)
1월 8일 사망. 이틀 뒤 장례식 후 바티뇰 묘지Cimetière des Batignolles에 안장됨.

『저주받은 시인들』 후원자들

강세림	관심병사	교주	기청제	김도연	김민서	김민정
김세령	김소이	김수린	김영원	김윤	김윤아	김윤인
김은아	김종건	김주연	김준성	김지연	김지연	김지철
김지현	김태우	김현교	김혜인	김혜진	김호성	
끝없는 모험 유쾌한 일탈			'나는 선택받았고 또한 저주받았네'			
나뭇가지	남태경	내가 찾는 모든 것		너구리	누군가	다인
도다샤	도연	들라에	랭보르기니		류수경	리리
리리브	마리	마스	문정윤	박선영	박세빈	박효림
방랑자 윤하이		백하연	범마리	범피	변자영	
브뤼셀 흙강아지		뷰라에	사랑의요정		서희	성심
손유동	송은지	수달	순수의 극치에 이른 인생의 향유자			
아르트	아카	안 베를렌느		안베를렌느재영		안선민
안재영	앵진	양다혜	에르네스트 들라에		영원이 기록되리라	
오수빈	우르르꺄꺄		유다의 빈소		유영	윤지선
이기원	이덕윤	이명하	이미혜	이수빈	이수현	이예본
이예진	이용규	이우철	이주희	이준희	이한솔	익명
임다연	장시은	장예진	장혁재	정다희	정소연	정하은
제3자	조민지	조수현	조은솔	조은영	조정현	조피디
주연님	주연우	차샐	초록	초록잎	최다연	최민타
최아영	최치즈	투시자	투시자로부터		특별출연	포슬감자
허선주	현호	홍다희	화화			
A	dd	HJ	Jean Nicolas Arthur Rimbaud			
Lev	lucykimida		Sothis	The Tale April Fools		
Viridian HS		x				

.

저주받은
시인들

초판 1쇄 발행 | 2025년 7월 18일

지은이 | 폴 베를렌
삽화 | 마누엘 루케
옮긴이 | 임민지
펴낸이·책임편집 | 유정훈
디자인 | 우미숙
인쇄·제본 | 두성P&L

펴낸곳 | 필요한책
전자우편 | feelbook0@gmail.com
엑스(구 트위터) | x.com/feelbook0
페이스북 | facebook.com/feelbook0
블로그 | blog.naver.com/feelbook0
팩스 | 0303-3445-7545

ISBN | 979-11-90406-23-9 03860

ⓒ임민지

* 저작권법에 따라 책 내용의 전부 또는 일부를 재사용하려면 내용에 따라 옮긴이와 출판사의 동의를 받아야 합니다.
* 파본은 구입처에서 교환해 드립니다.